南京建都概览

李惠芬　编著

南京出版社

图书在版编目（CIP）数据

南京建都概览 / 李惠芬编著. -- 南京 : 南京出版社, 2023.2

ISBN 978-7-5533-4064-7

Ⅰ. ①南… Ⅱ. ①李… Ⅲ. ①南京 – 地方史 – 通俗读物 Ⅳ. ①K295.31-49

中国国家版本馆CIP数据核字（2023）第012849号

封面用图 中华门瓮城鸟瞰图（DJ.BEN拍摄，2015年）

书　　名 南京建都概览
作　　者 李惠芬
出版发行 南京出版传媒集团
南 京 出 版 社

社址：南京市太平门街53号　　邮编：210016
网址：http：//www.njcbs.cn　　电子信箱：njcbs1988@163.com
联系电话：025-83283893、83283864（营销）　025-83112257（编务）

出 版 人 项晓宁
出 品 人 卢海鸣
责任编辑 钱　薇
装帧设计 赵海玥
责任印制 杨福彬

制　　版 南京新华丰制版有限公司
印　　刷 南京工大印务有限公司
开　　本 787毫米×1092毫米　1/32
印　　张 4.625
字　　数 62千
版　　次 2023年2月第1版
印　　次 2023年2月第1次印刷
书　　号 ISBN 978-7-5533-4064-7
定　　价 20.00元

用微信或京东APP扫码购书

用淘宝APP扫码购书

目录

前言

“江南佳丽地，金陵帝王州。”南京是我国四大古都之一，入选全国首批历史文化名城。6000年的人类文明史、近2500年的建城史、约450年的建都史，为南京留下了丰厚的文化遗产和独特的人文景观。南京素有“六朝古都”“十朝都会”之称，以都城南京为中心而形成的光辉灿烂的文化，在中国历史上写下了浓墨重彩的篇章。

于公元前472年修建的越城开启了南京城区的筑城史。公元229年，东吴在南京始建建业都城，开启了南京作为都城的历史，此后，东晋、宋、齐、梁、陈先后在此定都，造就了南京城的“六代繁华”。937年，李昪（徐知诰）代吴称帝，国号齐（939年改国号为唐），史称“南唐”。南唐文化上承唐风末流，下开北宋风气之先，尤其在文学艺术领域的成就享誉后世。1368年，朱元璋在南京称帝，这是南京第一次成为全国性统一政权的都城，南京呈现出了“秦淮灯船甲天下”的繁荣景象。1912年，孙中山在南京就任中华民国临时大总统，结束了2000多年的封建帝制，建立了资产阶级政权；1927年，国民政府在南京成立，南京成为中华民国的政治、教育、文化中心。

第一章　建城初始

南京历史悠久，考古发现，江宁区汤山镇雷公山葫芦洞中发现的汤山猿人是南京地区已知的最早人类，距今约50万年。那时的原始人群利用天然洞穴作为居住处所。

自距今6000年左右开始，先民们在南京地区的大江南北建立了许多原始聚落，南京进入了“聚落时代”。考古发现，在南京地区范围内，仅以北阴阳营遗址第4层为代表的新石器时代文化、点将台文化、湖熟文化这一文化序列就有200余处古文化遗址。在北阴阳营文化早期和点将台文化中，出土有石器、陶器、瓷器、玉器、蚌器、骨角器以及青铜炼渣等；在湖熟文化中发现了宁镇地区目前最早的青铜器，标志着南京文化进入了青铜时代。这一时期的村落已经有了初步的功能分区，主体建筑“大房子”位于居住中心，防御性建筑“大壕沟”位于居住区外围，表明城镇规划布局已开始萌芽。

大约在公元前5世纪，南京城邑的雏形大体形成，诞生了“冶城”“固城”“越城”“金陵邑”等城邑，标志着南京从无城郭的“农业聚落”时代迈入了有城垣的“邑制都市”时代。固城坐落在高淳区城东约10千米处的固城街道固城村，是南京历史上在长江以南最早建立的一个政治、军事中心。

固城（吴小宝摄）

相传吴王夫差在今朝天宫所在的冶山地区设冶炼作坊，铸造兵器，故名“冶城”。公元前472年，范蠡奉越王勾践之命在长干里修建了一座城周有“二里八十步”的军事城堡性质的城池，史称“越城”，又名“范蠡城”，这是南京建城史的原点，有“南京第一城”之称。

公元前333年，楚国于今清凉山西麓石头山上建了一座具有行政管理功能的城堡金陵邑，标志着南京主城区设置行政区划的开始，自此南京又称“金陵”。越城、金陵邑等已出现城郭分工的

冶城（吴小宝摄）

石头城景区（吴小宝摄）

概念，手工业作坊、商市及居民区等分布在城堡之外。

秦统一中国，在南京地区设置了棠邑县、秣陵县、江乘县、丹阳县与溧阳县。两汉时期，尤其是东汉末年，南京地位显著上升，成为扬州刺史治所和丹阳郡治所在地。

第二章　六代豪华

“欲王西北，必居关中；欲营东南，必守建康（今南京）。”位于南北相交、东西连通交汇点，拥有“虎踞龙蟠”之势的自然环境，南京成为古代君王角逐争雄、称帝建都、筑城霸业的必然选择。公元229年，吴王孙权迁都建业（今南京），与魏、蜀形成三国鼎立之势，南京自此从县级行政区上升为割据政权都城。孙吴政权的建立，世称“一代宏图开建业”，南京成为“六朝古都”“十朝都会”由此肇始。梁武帝时期，建康城东到倪塘（今江宁区方山附近），西抵石头城，南至石子岗，北过紫金山，东西南北各有20千米，居民达28万户，人口超过100万人，是当时中国最大的城市。六朝时期，都城建业（建康）无论是在城市规划上，还是在经济发展上；无论是在文化艺术上，还是在科学技术上，均呈现了快速发展的特征。

第一节　六朝都城规划

孙吴拉开了南京都城建设的序幕，形成了南京城市建设史上的第一次高潮，史称“六代豪华”。在城市规划建设上，将礼制与因地筑城的思想巧妙结合，体现了以“君”为本的规划思想。

孙吴都城在金陵邑的基础上修建而成，呈

孙吴都建业图

北宽南窄的倒梯形，“周二十里一十九步”，位于鸡笼山之南，东凭钟山，西连石头城，北依后湖，南近秦淮，位置在今南京城中部偏东。宫殿、官署和苑囿位于秦淮河以北，居民区和商业区位于秦淮河两岸及以南，西城外沿江一带是以石头城为中心的军卫区，城南秦淮河两岸是建业城主要的繁华地段。从吴宫城南门至秦淮河畔的“朱雀门”（又名“大航门”，在今中华门内镇淮桥东），建有一条长达7里的南北干道，被称为“苑路”或“御道”。沿着秦淮河向东、西、南三个方向延伸，最著名的是“横塘”和“长干”两个区域。“石头城”以今清凉山为中心，周边“七里一百步”，南面置有二门，东面一门，西、北两面因邻近大江，又为天然石壁，故而不设城门。左思《吴都赋》记载：“军容蓄用，器械兼储，吴钩越棘，纯钧湛卢，戎军盈于石城，戈船掩乎江湖。”[①]建业都城与外城的界线主要是设置的竹

①［梁］萧统编：《中国古代诗文经典选本·昭明文选》第1册，华夏出版社2000年版，第131页。

篱。这一规划布局突破了《周礼》规定的前朝后市的基本格局，对东晋、南朝建康城的规划、营建和布局产生了决定性的影响。

东晋都城建康（今南京）在孙吴都城基础上，以台城为中心，周边设有西州城、东府城等10余个外围城，在城市形态上呈现为众星拱月型。[①]《景定建康志》记载：台城“在上元县东北五里，周八里，濠阔五丈，深七尺”。台城建有内外两重宫墙，第一重宫墙四面均有城门。从正东建春门到正西南西明门建有一条贯通全城的横

今日台城

---

①南京市地方志编纂委员会编著：《南京建置志》，海天出版社1994年版，第54页。

街，将全城分为南北两区，南部为公署、住宅，北部为宫城。史书称这条街“纡余委曲，深不可测”。东晋按魏晋洛阳城的形制在宫城前形成“T”形广场，宫城主要建筑左右对称，这种布局对后来的城市规划产生了深远的影响。闾里的分布仍沿袭东吴建业格局，士大夫府邸主要位于淮水南岸与城东的青溪沿岸，普通民众主要居住在横塘、查下、长干一带。[①]在建康城的外围，设有城郊分隔的“郊门”，《景定建康志》记载：“按《宫苑记》，旧京邑南北两岸篱门五十六所，盖京邑之郊门也。”建康城的重建，奠定了此后都城的基础，也开启了南朝诸代追逐豪华建筑的风气。

南朝的宋、齐、梁、陈在城市规划上体现了承前的思想，总体格局并未发生大的改变。刘宋朝是南朝疆域最大的王朝，强盛时北抵今秦岭及黄河以北，西至四川大雪山，南至云南南部和越

①南京市地方志编纂委员会编著：《南京城市规划志》（上），江苏人民出版社2008年版，第49页。

南中部。在城市规划上，主要是增设了4座北门，改变了建康城无北门的历史；修筑了南自都城阊阖门抵朱雀航、北自宫城承明门至玄武湖的驰道；兴建了宫殿、苑囿等。南齐是南北朝4个朝代中存在时间最短的，仅23年。南齐疆域同刘宋后期，在都城建设上实现了从土城墙向砖砌墙的转变，开启了都城砖砌城墙的历史。《南齐书·高帝纪》明确记载：建元二年“五月，立六门都墙”。萧梁时期，宫城端门和大司马门外建筑了神龙、仁虎阙，越城的南面新建了国门，宫城增加了第三道围墙；同时对城门位置进行了微调，如“改朱雀门稍西，在今镇淮桥北”，城市形制逐渐周正；在宫城正北设置了同泰寺，并开设大通门隔路相通，开启了宫城正北设置寺院道观的历史。[①]陈是南朝版图最小的王朝，疆域东、南至海，北临长江，西抵湖南、广西，这一时期的城市建设除重新修建宫城等外，主要沿用梁朝旧制。

---

①杨宽著：《中国古代都城制度史研究》，上海古籍出版社1993年版，第168页。

在城市防御上，六朝各政权利用山头、丘陵等险要形势建成了石头城、越城等军防城，又修建了宣武城、白下城、瓜步城、同夏城、新亭垒等外围城堡，形成一个军事防卫圈。

简言之，六朝都城在孙吴、东晋、宋、齐的不断扩充修建下，在梁武帝统治时期达到高峰，这是南京都城建设史上的第一次辉煌。遗憾的是，梁末侯景之乱把一座繁华的建康城糟蹋得残破不堪，后又被隋朝军队荡平耕垦。晚唐诗人韦庄因此发出了“江雨霏霏江草齐，六朝如梦鸟空啼。无情最是台城柳，依旧烟笼十里堤”的感叹。

第二节 园林建筑

皇家园林，又称苑、苑囿、宫苑等，是皇帝个人和皇室的私有物。南京皇家园林建设始于孙吴，皇家园林规模宏大、耗资甚巨，处处体现了无与伦比的皇家气派。在皇家园林中，中国古典园林的四大要素——山、水、植被、建筑均已齐备。六朝的皇家园林一改秦汉时期以建筑为主体，沿中轴线对称布局的风格，转为因形随势，开创了融意境、韵味和自然于一体的江南古典园林的先河。全南朝见于史载的有“西苑、华林园、乐游苑、上林苑、南苑、芳林苑、娄湖苑、玄圃、东田小苑、芳乐苑、桂林苑、宫苑、新林苑、博望苑、兰亭苑、青林苑、江潭苑、方山苑、白水苑、灵邱苑、建兴苑等，总计20余处”。[①]其中华林园规模最大，范围包括今古生物研究所、市政府大院、公教一村以及东南大学的一部分。其存在时间最久，始建于三国孙吴，贯穿整个六朝，存在时间长达341年，是六朝皇家园林的代表作。乐游苑始建于刘宋元嘉年间，存在了150多年，公元488年，祖冲之在乐游苑造水碓磨。刘宋上林苑种植有3000多种名果异卉，孝武帝时常率领宫人在此巡守游乐。芳乐苑穷奇极丽，苑中设有店肆，潘妃为市令的故事就发生在

①南京市地方志编纂委员会、南京园林志编纂委员会编：《南京园林志》，方志出版社1997年版，第73页。

该苑，民间有“阅武堂种杨柳，至尊屠肉，潘妃酤酒”的歌谣流传。

私家园林是世家大族建造，用来享受生活的专门领地。六朝时期，私家园林发展迅猛。受汉末隐逸之风影响，崇尚清高玄远、寄情山水，一时成为私家园林营造者的审美追求。园内假山、水池、花木植被、建筑均已齐备。据记载，六朝建康城一带的私家园林总数30余处。如位于钟山西麓的梁沈约园，以植物布景，将南京的自然山水之美表现得淋漓尽致，是江南山水园林的传世代表作。

寺庙园林是寺庙建筑、宗教景物、人工山水、自然山水的结合体。六朝时期是佛寺建造的鼎盛时期。举国兴佛、梵刹林立是这一时期城建的时代特征。“南朝四百八十寺，多少楼台烟雨中”是后人对当年建康城佛教繁荣的一种追忆。事实上，六朝的寺院远不止480所。据唐朝法琳《辩正论》记载，刘宋时期，江南有寺院2015所，梁时达到2846所，萧梁时期仅建康地区就有佛寺700余所。如南齐隐士明僧绍舍宅为寺，请僧

栖霞寺（吴小宝摄）

人法度居之讲经布道，这是栖霞寺的开始。栖霞寺置寺院于栖霞山自然环境中，迄今仍是南京一大自然名胜。

第三节　繁荣兴盛的经济都会

一、快速发展的农业

六朝时期，各政权对农业都非常重视，实行了屯田、占田等制度，劝督农桑，虽整体上尚未达到中原地区水平，但已处于一个较高的发展阶段，为长江流域在经济上赶超黄河流域奠定了坚实的基础。如孙吴大兴屯田，仅长江中下游滨江地区就有屯田10余处，屯田制的长期推行，使得南京地区出现了“其四野，则畛畷无数，膏腴兼倍”的繁荣景象。刘宋王朝针对王公贵族垄断山林川泽，广大平民百姓无以为生的现状，颁布了《占山格》，将明令禁止占夺改为适度限制占有，这实际上以法律形式打破了山林川泽历来由封建国家占有的“山泽之禁”，承认了地主阶级对山区开发主权的合法性。陈文帝要求有关官吏“明加劝课，务急农桑”[①]，并将督课成绩作为官员升迁的依据，同时免征开垦荒地的税收。这一时期，建康地区“良畴美柘，畦畎相望，连宇高甍，阡陌如绣”。[②]

六朝时期，农业生产技术有了很大的进步。一方面，生产工具的使用有了较大突破，牛耕、

---

①［唐］姚思廉撰：《陈书》卷3《世祖纪》，中华书局2000年版，第34页。

②［唐］姚思廉撰：《陈书》卷5《宣帝纪》，中华书局2000年版，第56页。

铁制农具开始推广并广泛使用，如东晋、南朝政府规定禁止屠杀耕牛，即使老牛也不得随意屠宰。另一方面，耕作技术也有了新的发展，如汉代汜胜首创、适用于旱地农业的区田法也在东晋时期传入了江东地区。江南地区实现了由单一的稻作区向稻麦区、由专务水田向水旱杂作的转变，改变了单一水稻的粮食作物播种状态。

农业发展离不开水利，对于以稻作农业为主的江南来说尤其如此。六朝时期，各个政权都十分重视水利建设，兴修了诸多以开掘陂塘、灌溉田亩为主的农田水利工程。主要的农田水利工程有赤山塘、练湖、新丰塘、阳湖、单塘、吴塘等，其中以赤山塘、练湖的修筑最为重要。与此同时，为方便粮食、物资向都城运送，在城内外及附近地区全面疏通与开掘水道。如《吴书·孙权传》记载，遣“校尉陈勋将屯田及作士三万人凿句容中道，自小其至云阳西城”[①]，句容中道即

---

①［晋］陈寿撰，［宋］裴松之注：《三国志》卷47《吴书二·吴主权》，中华书局1999年版，第847页。

破冈渎。为调节水位，在破冈渎沿途上下还修建了14埭。六朝300多年间，破冈渎一直担负着通往建业（建康）的主要通航重任，漕船商舟不绝。

二、手工业的进步

南京的丝织业始于孙吴。六朝时期，建业（建康）纺织业无论是在管理机构的完善程度上，还是在生产技术上；无论是在产品产量上，还是在纺织工人数量上，均处于全国前列。孙吴政权建立了较为完整的官府丝织业管理机构。公元417年，刘裕将关中织锦工匠等“百工”迁移江南，并在建康城东南的斗场市（今南京市雨花门外一带）设立了中央一级管理织锦的常设机构——锦署。为满足州郡作部对技术工人的需求，地方官府也实行征调工匠的制度。如孙吴时期，宫廷中的纺织人数由初期的“数不满百”发展为后期的超过1000人。六朝时期，民间还出现了专以“纺绩”为生的人，麻织等成为主要的家庭副业。如晋人郑袤之妻曹氏“事舅姑甚孝，躬纺绩之勤，以充奉养”。[1]六朝女工技艺盛名在外，刘宋时，日本曾8次派遣使者到建康，聘请纺织、缝纫技工东渡传播技术。

滨江、河流湖泊星罗棋布的自然地理环境，诸侯割据、战乱频繁的政治环境，为六朝造船业的发展提供了条件。南京船舶建造兴起于三国孙吴，孙吴以水军立国，凭舟固疆，专设有典船都尉，监督和管理造船修船事务。据记载，石头城附近时常停泊着上千艘各类船只。六朝时期，南京地区战船的制造技术处于领先地位，如祖冲之发明了一种利用齿轮传动带动船只行走的新型战船——千里船，“又造千里船，于新亭江试之，日行百余里。于乐游苑造水碓磨，世祖亲自临视”。[2]这一时期，民间造船技术也相当出彩，如孙吴时期海上最大的商船“长二十余丈，高出水二三丈，望之如阁道”，可乘载六七百人，装载

---

①［唐］房玄龄等撰：《晋书》卷96《列女传》，中华书局2000年版，第1675页。

②［梁］萧子显撰：《南齐书》卷52《祖冲之传》，中华书局2000年版，第616页。

物资万斛。

六朝以前，南京的冶铸业已有相当的发展。考古资料显示，春秋战国时期六合冶山地区已有铜矿、铁矿的开采与冶炼。吴王夫差在冶城（今朝天宫）设立有冶铸兵器的作坊。吴王刘濞在冶山采铁铸兵器与钱币。及至六朝，建康成为当时的冶铸业中心。据记载，梁武帝以千万斤冶铁堵塞浮山堰决口，“因是引东西二冶铁器，大则釜鬵，小则鋘锄，数千万斤，沉于堰所”。[①]1935年，江南铁路公司在光华门一线修筑铁路过程中，在中和桥西南草场圩取土时发现了一批梁代铸造五铢钱的“五铢”“大吉五铢”“大富五铢”和“大通五铢”钱范。与此同时，建康地区出现了许多私人冶铸作坊。

六朝时期是我国陶器制造向瓷器制造迈进的过渡时期。这一时期，建康地区仍以制陶为主。东晋在建康城西南淮水畔的花露岗一带设有一座

---

①［唐］姚思廉撰：《梁书》卷18《康绚传》，中华书局2000年版，第197页。

大规模的官办制陶作坊“瓦官”，瓦官寺就因建立在东晋制陶工场瓦官上而得名。六朝时期建康地区的制陶业名扬海外，朝鲜半岛忠济南道公州郡宋山里古墓中出土了一些莲花纹砖，其中有一块砖上刻有“梁瓦官为师矣”的铭文。随着施釉技术的提高，瓷器在这一时期成为一个独立门类，有“南青北白”的说法，青瓷是南方瓷器业的代表。麒麟门外灵山南朝大墓出土的一对工艺极精的莲花尊，为中国南北朝时期同类器物中最大最精美者，有“青瓷之王”之称。江宁区上坊吴墓出土的青瓷釉下彩羽人纹盘口壶是我国迄今

南朝青瓷莲花尊

青瓷釉下彩羽人纹盘口壶

所见以绘画技术美化瓷器的最早器物，把我国釉下彩绘工艺出现的时间提前了近500年，堪称早期瓷器中的艺术珍品。

建康的造纸业相当发达。孙吴时期，南京六合地区就已开始生产麻纸，政府公文，佛教、道教经典等均用此纸书写。现藏于日本东京书道博物馆的《譬喻经》就是用六合麻纸抄写的。南朝时，纸已完全代替了竹简和绢帛，刘宋政权在建康设立了南方历史上第一个专司造纸的机构——纸官署。这一时期，纸张的染色技术也有了新的发展，黄纸就是官方使用较多的纸张之一，东晋末桓玄曾下令："古无纸，故用竹，非主于敬也。今诸用简者，皆以黄纸代之。"[①]而欧洲直至17世纪后才出现染色纸。

三、南方的商业中心

随着经济的发展、人口的增加，建康已不仅仅是南方的政治中心、文化中心，也是南方的

---

①［唐］徐坚等著：《初学记》第3册，中华书局1962年版，第517页。

商业中心之所在。“隆敝代起，昏作役苦，故穑人去而从商，商子事逸，末业流而浸广，泉货所通，非复始造之意。于是竞收罕至之珍，远蓄未名之货，明珠翠羽，无足而驰，丝罽文犀，飞不待翼，天下荡荡，咸以弃本为事。”①

六朝建康的商市有大市、小市、草市、苑市和集市5类，主要的商业贸易都在市内进行。大市、东市、北市和秣陵斗场市是当时著名的“京师四市”，在六朝时期交易发达，长盛不衰。这一时期，在建康城各处，尤其是秦淮河两岸还出现了谷市、纱市、牛马市、盐市等专业市场。在近郊乡镇设立了由草市尉负责管理，交易场所较为固定的草市，“台城六门之外，各有草市，置草市尉司察之”。②

区域之间的商品流通在这一时期也非常发达，在长江中下游形成了以南京为中心的商业网

---

①［梁］沈约撰：《宋书》卷56《谢瞻孔琳之》，中华书局2000年版，第1032页。
②［宋］司马光编著，胡三省音注：《资治通鉴》卷144《齐纪十》，中华书局1976年版，第4492页。

络。如破冈渎两岸的埭随着水运繁忙逐渐形成了集市。繁华的商业，便捷的交通，还吸引了印度、大秦（罗马帝国）等众多地区的外国商人来此经商，如远涉重洋的大秦商人秦论在都城建业居住达七八年之久，萧梁时建康贡使商旅船只的计量单位已用万。

第四节　中国南方的文学中心

一、诗歌

南朝是中国诗史转折的重要时期。陶渊明开创的田园诗，为中国诗歌开辟了一个新境界。谢灵运开创的山水诗影响了一代诗风。鲍照的乐府诗，唱出了广大寒士的心声。沈约等"竟陵八友"开创的永明体诗，对律诗的形成及后来的骈文、词、曲等文学形式的产生和发展产生了深远影响。

东晋时期，隐遁风潮流行，与原先洁身自好、保全性命的汉代隐逸相比，欣赏山水（自然）、忘情山水（自然）成了两晋以后隐士的共同特点，也成了名士贵族仰慕、追求的生活模式。陶渊明在诗歌、散文、辞赋等方面都有很高的成就，但对后代影响最大的是诗歌，他所开创的田园诗为中国诗歌开辟了一个新境界。如《饮酒二十首》之五："采菊东篱下，悠然见南山。山气日夕佳，飞鸟相与还。"将南山衬映下的薄暮美景呈现在了读者眼前。再如《归园田居五首》之三："种豆南山下，草盛豆苗稀。晨兴理荒秽，带月荷锄归。"《劝农》之五中曾说："民生在勤，勤则不匮，宴安自逸，岁暮奚冀！儋石不储，饥寒交至。顾尔俦列，能不怀愧！"将农村生活如实地大量写入诗中，是陶渊明在我国诗歌史上的创举，对唐代许多诗人产生了很大的影响。钟嵘在《诗品》中将陶渊明的诗列为"古今隐逸诗人之宗"，欧阳修盛赞《归去来兮辞》说："晋无文章，唯陶渊明《归去来兮辞》。"陶渊明田园诗的影响力由此可见一斑。

这一时期，自然界的山水景物大量进入诗篇，谢灵运开创的山水诗成为一大诗歌流派，在中国诗歌史上占据一席地位。出生于陈郡谢氏家族的谢灵运因在政治上不被重用，而放情于山水之间，创作了大量的山水诗篇，被尊为“山水诗派”鼻祖。为便于游山玩水，谢灵运专门设计了一种木屐，李白在《梦游天姥吟留别》曾写道：“脚着谢公屐，身登青云梯。”“谢公屐”便是这一登山专用鞋。谢灵运的诗歌注重辞采，雕章琢句，扭转了寡淡的玄言诗风，如他的“池塘生春草，园柳变鸣禽”历来被称为神来之笔。谢灵运的山水诗也为永明时代新体诗的产生打下了基础。

南朝时期，诗歌的内容和形式发生了重大的改变。以沈约、谢朓等竟陵八友为代表的诗人群体，注重声律与对仗，要求严格按照“四声”“八病”之说作诗，形成了永明体，又称“新体诗”。竟陵八友中文学成就最高的，非谢朓莫属。谢朓，人称“小谢”，其诗作深受谢灵运影响，以摹写山水为主，但诗风清新秀逸，自然流转，较少繁芜词句和玄言成分；在写作方法上，更精于提炼、选择，力求通过山水景物的描写来抒发情感意趣，达到情景交融的地步，为

“永明体”代表诗人之一。其诗句“余霞散成绮，澄江静如练”历来为人所赞赏，如李白发出了“解道澄江静如练，令人常忆谢玄晖”的感慨。永明体对律诗的形成及骈文、词、曲等文学形式的产生和发展产生了深远影响。但因过于注重声律、对仗，讲究辞藻，致使内容平庸空洞，助长了当时诗歌创作中绮靡柔弱的倾向。[①]

这一时期，还有以乐府诗见长的鲍照。鲍照，世称“鲍参军”，是“元嘉三大家”（鲍照、谢灵运、颜延之）之一，其诗敢于直面社会，比谢、颜的作品富有更强的现实意义，被推为同时期成就最高者。以颜延之为代表的形式主义诗风，喜用典故，堆砌辞藻，但却缺乏生动的情致。还形成了以梁简文帝、陈后主以及江总为代表的宫体诗流派，内容上多写宫廷仕女生活和闺中艳情，形式上对格律、声韵和辞藻极为讲究，促进了七言诗的发展和成熟，

---

①于石编：《古典诗词知识辞典》，黄山书社1990年版，第89页。

但该诗派内容淫秽，形式绮靡。另外，以郭璞为代表的诗人群体，受玄言诗的影响较大，但富于文采，郭璞的诗赋被誉为“中兴之冠”。与此同时，骈赋发展到梁、陈时已达到全盛期，代表人物有庾信、徐陵等，骈赋为唐朝律赋的发展奠定了基础。

二、文论文选与启蒙读本

这一时期，以《文赋》《诗品》《文心雕龙》为代表的文论，以《文选》《玉台新咏》为代表的诗文总集，以《千字文》为代表的启蒙读本达到了一个新的高度。

陆机被誉为“太康之英”，与弟陆云合称“二陆”。陆机所著的《文赋》是我国文学理论批评史上第一部完整而系统地专论创作的著作，首次把诗列在10类文章的首位，并提出了“诗缘情而绮靡”的思想，对诗歌创作和诗歌理论的发展具有开拓性意义。钟嵘的《诗品》，又名《诗评》，是我国文学理论批评史上第一部诗论专著。《诗品》选汉至梁诗人122位，依“九品”之法分为上品11人、中品39人、下品72人，每品1卷，钟嵘针对盛行一时的骈俪之风等提出了批评，他主张诗歌要自然流畅，反对拘泥于平上去入的声调和技巧；主张吟咏情性，反对诗中用典。《诗品》中所采用的“品第高下、推寻源流、较其异同、喻以形象、知人论世、寻章摘句”[①]等批评方法在中国文学批评史上产生了深远的影响。刘勰的《文心雕龙》是我国古代一部文学理论和批评的巨著，由总论、文体论、创作论、文学史论和批评论5个部分构成，共10卷50篇。《文心雕龙》涉及文学的各个方面，将文学理论批评推上高峰，其“风骨”“气韵”“形神”的文学艺术观点对唐代陈子昂、李白、杜甫、韩愈等人的作品都有直接影响。至今仍有不少人对它进行专门研究，以致出现了“龙学”。

昭明太子萧统主编的《昭明文选》是我国现存最早的诗文总集。全书30卷，按文体和体裁分类编排，分成诗、赋、杂文3大类，下分赋、诗等

---

①张伯伟：《钟嵘〈诗品〉的批评方法论》，《中国社会科学》，1986年第3期。

38小类，收录了从先秦至南朝梁时100多位作者的700余篇各种体裁的文学作品，以魏晋之后的作品为多，不录生人。《文选》早在唐初即受到高度重视，成为士子学习诗赋的范本，杜甫教育其子要“熟精《文选》理”，宋人谚语也说：“文选烂，秀才半。”后代不少文人研究《文选》而形成了“文选学”。历代注释者甚多，以唐人李善所注价值最高。徐陵编辑的《玉台新咏》是《诗经》《楚辞》之后最早的一部古诗总集，全书共10卷，收录了自汉到梁关于女性和爱情的诗歌，其中五言诗8卷，歌行1卷，五言四句诗1卷，共769篇；后人又加入徐陵之后的一些诗作，多数为风格绮艳的宫体诗，部分为民歌、童谣。我国第一首成熟的长篇叙事诗《古诗为焦仲卿妻作》（即《孔雀东南飞》）即最先见于此书。

周兴嗣撰写的《千字文》是中国现存最早的启蒙识字课本。梁武帝曾命其拓取王羲之手迹中1000个不同的字以供诸王临习，又命周兴嗣以韵排序，形成了《次韵王羲之书千字》，后名《千字文》。《千字文》4字1句，音韵谐美，涉及自然、社会、历史、伦理、教育等诸多知识，隋时开始流行。宋人又仿其体例编有《三字经》《百家姓》，俗称“三百千”，是中国古代影响最大的启蒙课本。

三、志人志怪小说

两晋时期，许多文人把希望寄托在虚无缥缈的神仙鬼怪上，由此产生了志怪小说。干宝所著的《搜神记》是保存最多且具有代表性的一部志怪小说。《搜神记》原本30卷，已散佚；今本20卷400余则，为明代辑录而成。该书主要记载了神仙术士、鬼灵精怪、灵奇之物、妖祥卜梦、神灵感应、报应故事、历史传说、神话异闻等，时人称干宝为“鬼之董狐”。《李寄斩蛇》《韩凭夫妇》《东海孝妇》《干将莫邪》《董永》《吴王小女》等许多优秀的民间传说均记载于此，后世许多戏剧、小说都曾从中汲取素材。

刘义庆所撰的《世说新语》，又称《世说新书》，简称《世说》，是南朝宋小说集，今人多认为是其召集门下文学之士集体编撰而成。《世说新语》是一部记录真人真事的志人小说，内容涉及当时的社会习俗、思想风尚、文化学术等许多方面，既是魏晋士人风流故事的集成，也是这一时期社会现实生活的百科全书，是研究魏晋士人生活和魏晋风流的重要史料。原为8卷，今本作上、中、下3卷，以类相分，分德行、言语等36篇。《世说新语》语言简洁凝练生动，鲁迅先生曾评价其“记言则玄远冷峻，记行则高简瑰奇，下至缪惑，亦资一笑”。《世说新语》对后世笔记小说产生了深远影响，“祢衡击鼓骂曹”“曹植七步成诗”等成为后世小说、戏剧的重要创作素材。

第五节　中国书画史上的第一个发展高潮

六朝是南京书法艺术的鼎盛时期。在书法上，有“一代绝手”皇象、“书圣”王羲之、“小圣”王献之等；在绘画上，有“六朝三杰”顾恺之、张僧繇、陆探微等；在雕刻上，有楷书“鼻祖”《葛祚碑》等。

一、书法艺术

六朝在中国书法艺术发展史上是一个承前

启后、流派纷呈的辉煌时期，是中国书法艺术发展史上书家辈出的时代。皇象，孙吴书法大家，师于杜度，善篆书、隶书、章草。皇象的书法被赞为“中国善书者不能及也”，葛洪《抱朴子》一书中称誉其为“一代绝手”。时人将其书法与严武之棋、曹不兴之画等并称“八绝”，南朝宋羊欣称“吴人皇象能草，世称沉著痛快”。唐张怀瓘将他的章草誉为“神品”。皇象传世的书迹今世仅存《急就章》石刻，此帖点画简约、凝重，是学习章草的优秀范本。王羲之早年师从卫夫人，后学张芝草书、钟繇正书。王羲之被誉为“书圣”，其书法一改汉、魏以来的古拙书风，创作了妍美流便的新体。王羲之的代表作品有楷书《乐毅论》、草书《十七帖》、行书《兰亭集序》与《丧乱帖》等，其中《兰亭集序》被誉为“天下第一行书”“法帖之冠”，为历代书家临摹的典范。其作品真迹无存，传世者均为摹本，有正书《乐毅论》《黄庭经》，草书《初月帖》《姨母帖》等。王献之，王羲之第七子，以行书和草书闻名后世，在书法史上被誉为“小圣”，

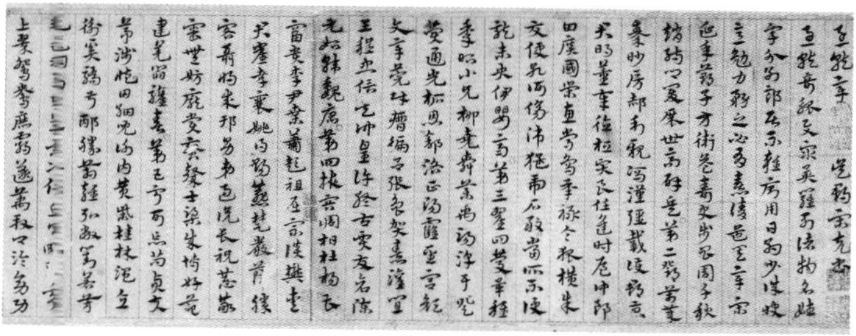

宋克章草书《急就章卷》

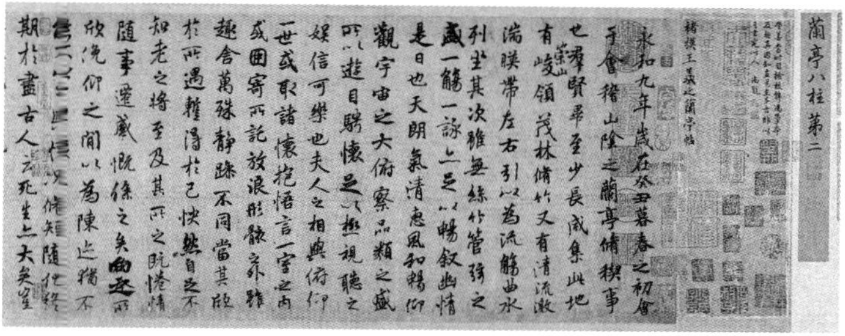

王羲之兰亭序卷（传唐褚遂良模本）

与其父同称“二王”。王献之开创了上下相连的草书，梁书画家袁昂在《古今书评》中说：“张芝惊奇，钟繇特绝，逸少鼎能，献之冠世。”王献之的代表作品有《鸭头丸帖》等。这一时期著名的书法家还有“买王得羊”的隶书大家羊欣、“退笔成冢”的智永等。

二、绘画艺术

六朝绘画艺术成就辉煌，画家之多、水平之高，远远超出前代和同时期的北方地区，从而形成了中国绘画史上的第一个发展高潮。曹不兴，我国历史上第一个画佛像的画家，被尊称为“佛画之祖”。所谓“曹衣带水，吴带当风”，即指曹不兴画衣及吴道子画带生动活泼的特点。顾恺之，工诗赋、书法，尤精绘画，有“三绝”（才绝、画绝、痴绝）之称，后人称其画作是“自有苍生以来从未有过的杰作”。其画真迹无一传世，现存《女史箴图》《洛神赋图》《列女仁智图》等均为唐宋摹本。顾恺之还首开中国画论之先河，著有《论画》《画云台山记》和《魏晋胜流画赞》3篇画论，最早提出了传神论。陆探微是我国以书法入画的第一人，创造了笔势“连绵不断”的“一笔画”法，代表作有《宋孝武像》《孝武功臣图》等。张僧繇与东晋顾恺之、刘宋陆探微和唐代的吴道子并称为“画家四祖”，张僧繇擅长人物故事画及宗教画，率先运用凹凸晕染法，对后世画风影响很大，成语画龙点睛的故

顾恺之《女史箴图》卷（宋摹）

事就来自张僧繇，其作品有《汉武射蛟图》《行道天王图》《醉僧图》等，已无真迹流传。这一时期，绘画理论也有了新的发展，谢赫的《古画品录》是我国现存最早的较系统而科学的美术史论专著，提出了气韵生动、骨法用笔、应物象形、随类赋彩、经营位置、传移模写的绘画“六法”①，成为后世画家、批评家进行绘画创作与批评的准则。姚最的《续画品录》是对谢赫《古画品录》的补充与发展，提出了“立万象于胸怀”“心师造化”等独到见解。

---

①［南朝］谢赫、姚最撰，王伯敏标点注译：《古画品录·续画品录》，人民美术出版社1959年版，第1页。

三、石刻艺术

今南京地区遗存的六朝石刻主要有纪念性石刻、佛教石刻、陵墓石刻3大类，尤以陵墓石刻数量较多、价值最高、成就最大。《葛祚碑》为六朝现存最早的一块石质碑刻，字体是楷书，略含隶意，被公认为楷书“鼻祖”，现收藏于南京博物院。《天发神谶碑》又名《天玺纪功碑》《吴孙皓纪功碑》，俗称《三段碑》，原碑立于建业城南岩山断石岗上，清代毁于大火，后人依据旧拓本镌刻后放在南京“总统府”煦园内，康有为盛赞其为“篆隶之极”。栖霞山千佛岩系从南齐

宋拓《天发神谶碑》

永明二年至梁天监十年（484—511）逐渐开凿而成，唐、宋、元、明各代相继在此开凿，共有佛龛294座，佛像515尊。戴逵在南京瓦官寺创作的5尊佛像，与顾恺之的《维摩诘像》及狮子国（今斯里兰卡）的玉像，并称“瓦官寺三绝”。陵墓石刻中，石兽以陈文帝陈蒨永宁陵的最为俊逸，石栏以梁吴平忠侯萧景墓最为秀美，石碑以梁始兴忠武王萧憺墓保存最为完好。1983年，南朝陵墓神道石刻被评为“新金陵四十景”之一；1988年，与南京明代城墙、栖霞山南唐舍利塔等同时被国务院公布为第三批全国重点文物保护单位。

第六节　领先的科技文化

六朝文化环境相对宽松，思想领域呈现出百家争鸣的态势，为科技的发展提供了良好的思想文化氛围。在天文学领域，孙吴时期的太史令陈卓创建了“总二百八十三官，一千五百六十五

祖冲之

星”[①]的全天恒星体系，后人沿用了1000多年；东晋时期的虞喜首次提出了“岁差”的概念，不仅有助于天文观测，也促使历法编制更趋精确；祖冲之编制的新历《大明历》在中国历法史上第一次计入岁差，测算出一个回归年的长度是365.2428日，这是我国宋统天历（1199）以前最符合实际的一个数据。在数学领域，祖冲之在世界数学史

①［唐］魏征撰：《隋书》卷19《天文志》，中华书局2000年版，第340页。

上第一次将圆周率推算到小数点以后七位数字，比欧洲数学家求得相同数值早了约1000年；祖冲之与其子祖暅提出了求球体积的“祖氏定理”，比西方国家早了1000多年。在医学领域，《刘涓子鬼遗方》是我国现存最早的一部外症痈疽及金疮方面的专著，最早创造了用水银外治皮肤病的方法，比国外早600多年；葛洪的《肘后备急方》是我国第一部临床急救手册；陶弘景的《本草经集注》首创按药物自然属性分类的新方法，该分类方法是我国古代药物分类的标准方法，在以后的1000多年间一直被沿用。在建筑学上，这一时期南京的建筑艺术已达到很高水平，日本现今留存的六朝建筑式样的“梁式建筑”一律被定为国宝，而这一技艺就是从南京输入的。

第三章　南唐复兴

589年，隋朝大将韩擒虎、贺若弼攻破建康，俘获皇帝陈后主，南朝最后一个王朝陈朝灭亡。此后不久，隋文帝下诏将建康城平荡耕垦，在石头城置蒋州，六朝繁华荡然无存，可谓“金陵已芜没，函谷复烟尘”。唐朝初年置江宁郡，后置昇州，再后改为金陵府。金陵因政治贬抑而迅速衰落，隋唐300余年间默默无闻。

909年，徐知诰任昇州（即南京）防谒兼楼船副使，开始经营南京。920年，南京由昇州大都督府改为金陵府。937年，徐知诰在金陵代吴称帝，国号齐；939年，改国号为唐，史称“南唐”。李璟继位后，灭闽、楚两国。极盛时占有今江苏、安徽淮南地区和福建、江西、湖南及湖北东部等，有35个州。958年，败于后周，割江北14州，并去帝号、年号，称臣。后主李煜又向北宋称臣纳贡。975年，南唐为宋军所灭，前后约39年。金陵成为南唐的首都，改称“江宁府”，这是南京城市发展史上的又一高峰，城市建设也一度出现“复兴”局面。

第一节　南唐江宁府

在城市建设上，首先，南唐江宁府在地理位置上进行了南移，宫城由六朝时期的今珠江路一带南移至今洪武路一带，都城的中轴线大致位于今中华路、洪武路一带。各衙署分布在六朝时期的御道两边，早已夷为平地的六朝建康城被辟为了“北苑”。南门外另开有南濠，即今流经长干桥的外秦淮河。

其次，突破了六朝建康以“君”为本的单一功能，跨淮立城，将秦淮河一带繁华商业区和人烟稠密的居住区围进城内，改变了六朝时建康都城将政治区与工商业区以及居民区分离的状况，形成了近代南京城南部的框架。西北的石头城等也都围进了城内，下水门外成为热闹的江边码头。明代顾起元《客座赘语》说：“南唐都城，南止于长干桥，北止于北门桥。盖其形局，前倚雨花台，后枕鸡笼山，东望钟山，而西带冶城、石头。四顾山峦，无不攒簇，中间最为方幅。而内桥以南大衢直达镇淮桥与南门，诸司庶府，拱夹左右，垣局翼然。当时建国规摹，其经画亦

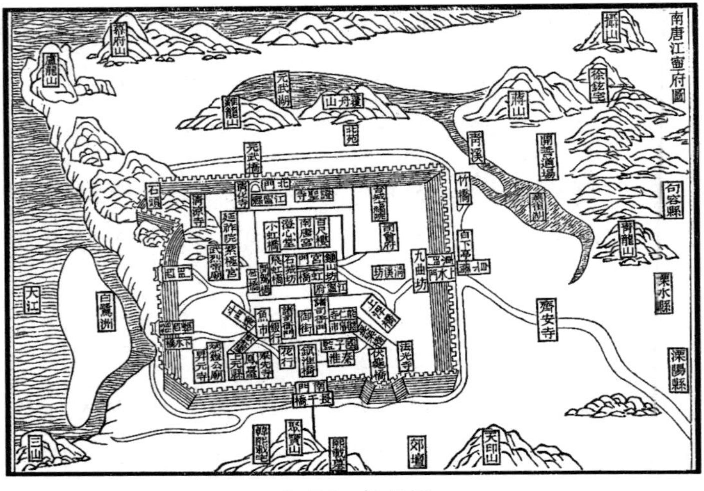

南唐江宁府图

南唐都城伏龟楼遗址

不苟矣。”①城和郭、城和市共处于一个统一体中，体现了“筑城以卫君，造廓以守民”的规划思想。

南唐都城为后来宋元时期所沿用。赵宋王朝灭南唐而统一全国，太祖赵匡胤严令不得破坏江宁城市和文化设施。只有吴越兵多所杀戮，六朝遗存瓦官阁亦被吴越兵纵火焚毁。在400年之久的

①［明］顾起元撰：《客座赘语》，南京出版社2009年版，第11页。

宋元时期，金陵不复为京都，但天然的江南水乡所形成的富饶地理条件和丰厚的文化底蕴等诸多因素，使金陵再度成为东南重镇，是南宋初年的行都和元代的东南地区行政枢纽。

第二节　江南经济中心

南唐时期，政府积极兴修水利，重视农业发展，采取了劝农开荒、种桑养麻、划定赋税等政策，如李昪（徐知诰）执掌南唐后，改革税法："吴顺义年中，差官兴版薄，定租税，……皆足陌见钱，如见钱不足，许依市价折以金银。算计丁口课调，亦科钱。"[①]这一改革，不仅使国家用度充足，而且推动了南唐境内农桑的发展。又得益于江南的自然环境，江淮地区数年之间呈现出"旷土尽辟，桑柘满野，国以富强"[②]的局面。

---

①［宋］洪迈著：《容斋随笔》，上海古籍出版社1978年版，第409页。

②［宋］司马光编著，胡三省音注：《资治通鉴》卷270《后梁经五》，中华书局1976年版，第8832页。

隋唐时期，虽因政治贬抑而衰落，但因经济重心东移南迁的大势所趋，金陵地区手工业仍继续有所发展。杨吴金陵城墙扩建之后，再次成为江淮地区的政治、经济和文化中心，商业贸易也更为繁荣。及至南唐，金陵城再次成为国都，南京城再次繁华，商业贸易也更为繁荣。宋代，尤其是南宋，繁荣的经济使南京成为长江下游的经济中心。元代，集庆路与镇江、扬州、苏州等为当时著名的都市，为明清时期南京经济的发展奠定了良好的基础。频繁的贸易，让各地商人云集金陵，金陵商贾已成为一个富裕的社会阶层，以至南唐末年金陵城被宋军攻破之时，“豪民富商”及其眷属被烧死在昇元寺阁者甚众。南唐金陵与并立诸国、少数民族政权的商贸往来非常频繁，用朝贡方式进行商贸活动是当时重要的外贸方式，活跃了金陵市场。但这种贸易方式常受当时政权外交关系的影响，时有中断。如乾宁元年（894），杨行密尚能遣使运茶万余斤至汴进行贸易，此后梁吴关系破裂，一度中止。民间的商贸往来则相对自由，并未完全禁止，有史料记载，金陵周宗“每自淮上通商，以市中国羊马”。

第三节　承上启下的文学艺术

南唐是南京文化发展的重要时期，广揽人才，遍寻典籍，兴办教育，创新词作，在五代十国政权中成就卓著。它上承唐风末流，下开北宋风气之先，尤其在文学艺术领域的成就享誉后世。

在南唐文化中，令人瞩目、最有影响的莫过于以词为代表的文学作品。南唐实现了词在内容和意境上的突破，并促使词和诗并列为我国古典文学的重要形式，南唐誉满文坛的词人以中主李璟、后主李煜以及冯延巳等最为有名。李璟，南唐第二代皇帝，著名词人。在文章方面，有书、表、小札17篇；在诗词方面，《全唐诗》录七律1首、七古1首和一些断句；《南唐二主词》收录有词《应天长》《望远行》和《浣溪沙》3首，尤以《浣溪沙·菡萏香销翠叶残》为世人称颂：“菡萏香销翠叶残，西风愁起绿波间。还与容光共憔悴，不堪看。细雨梦回鸡塞远，小楼吹彻玉笙寒。多少泪珠何限恨，倚阑干。”历代词家对其评价甚高。

李煜，南唐后主，著名词人。李煜诗词文赋、琴棋书画无一不通，特别是在文学领域，堪称一代词宗，这在中国历代帝王中可谓绝无仅有。李煜的传世词有30余首，前期词大多反映奢华的宫廷生活，风格柔靡，如《玉楼春·晚妆初了明肌雪》《菩萨蛮》等。后期词直抒胸臆，一空依傍，既短小明朗，又含意无穷，有很高的艺术魅力，为后世广为传颂。李煜是词史上第一个对词的结构艺术做出特殊贡献的词人。李煜继承了晚唐以来花间派词人的传统，但在词的题材和意境上皆有所突破，对后人影响很大。王国维评价道：“词至李后主而眼界始大，感慨遂深，遂变伶工之词而为士大夫之词。”①

冯延巳是南唐词人中传世作品最多的一位，

①［清］王国维著：《人间词话》，浙江古籍出版社2011年版，第11页。

他把温庭筠以来的婉约词风推前一步，逐渐摆脱了对妇女容貌、服饰的描绘，而着力描写人物内心无可排遣的哀愁；其词用语清新，风格淡雅，纯以技巧和意境取胜，词风为后来的晏殊、欧阳修等所继承。清人评价南唐词曰："后主小令，冠绝一时。韦端已亦不在其下。终五代之际，当以冯正中为巨擘。"①

南唐也是中国画史上的一个繁盛时期。中主李璟提倡绘画，在金陵创立了翰林图画院，史称"南唐画院"。擅长人物画的顾闳中、周文矩，山水画的董源、巨然，花鸟画的徐熙等一大批丹青高手云集于此，组成了缤纷瑰丽的南唐画坛。顾闳中工人物，用笔圆劲，善于捕捉与描摹神情意态。其代表作《韩熙载夜宴图》是南唐绘画作品中最有名的传世之作，该画是一幅绢本设色长卷，以韩熙载为中心，分听乐、观舞、休息、清吹及宴散5段场景，生动再现了南唐显贵的宴乐

---

①［南唐］李煜著：《李煜词集》，上海古籍出版社2016年版，第66页。

韩熙载夜宴图（局部）

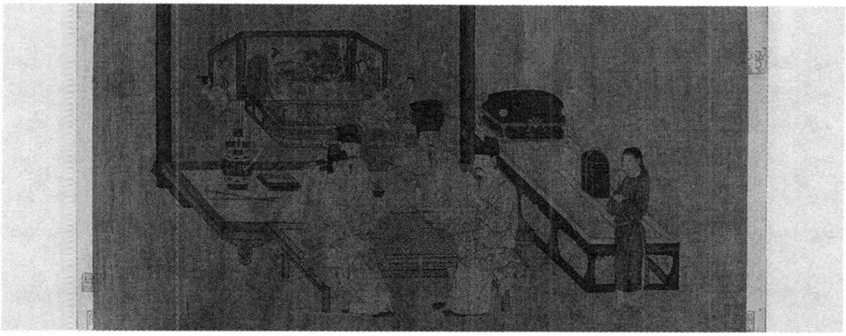

重屏会棋图卷（宋人摹本）

生活，是现今能看到的古代唯一一个宴会场景，为后人了解当时的生活、服饰、陈设和美食等提供了资料背景。周文矩擅画人物、楼观、车马、山林等，尤工于仕女，多采用曲折战掣的线条表现衣纹折皱，被称为“战笔”，代表作为《重屏会棋图》（现藏故宫博物院）。南唐山水画家首推董源和僧人巨然，时称“董巨”，在中国山水画史上影响深远。董源开创了平淡天真的江南画派风格，是南派山水画之祖，运用“披麻皴”和“点苔法”将江南一带的自然面貌神妙地画出，传世作品有《潇湘图》《寒林重汀图》《夏山图》等。巨然师从董源，继承了董源画风，传世之作有《秋山问道图》《层崖丛树图》等。徐熙擅画花木水鸟、虫鱼蔬果，与后蜀黄筌的花鸟画为五代两大流派，时人评述“黄家富贵，徐熙野逸”，其写花木浓墨粗笔、稍施杂彩，人称“落墨花”，代表作有《雪竹图》等。

南唐二陵（吴小宝摄）

南唐时期，文益以般若中观不二法门的思辨义理为思想基础，结合禅宗禅理，创立了中国佛教中禅宗五家之一的法眼宗，其学说影响了整个江南。此外，在历史遗存方面，现存主要遗迹为位于江宁区祖堂山南麓的南唐二陵，即南唐先主李昪的钦陵和中主李璟的顺陵。南唐二陵的柱、枋和斗拱上的彩画，经考证是已知中国建筑物装饰彩画的最早实例。

第四章　南都繁会

1368年，朱元璋在南京称帝，定国号为明，这是南京第一次成为全国性统一政权的都城；同年颁布《立南北两京诏》，以金陵为南京，“南京”之名由此始。南京作为明朝都城历时52年（1368—1420）；永乐十九年（1421），朱棣迁都北京，南京做了223年的“留都”，但保留了皇宫和六都衙门等中央机构。明代立都于南京而开创的南京文化，代表了中国历史文化发展的又一个高峰，它在教育、都城建设、科技、思想、文学艺术、中外文化交流等方面均有非凡的成就。

第一节　完整宏大的城防体系

明代都城南京，人口增长迅猛，据记载，朱元璋刚入城时，南京约95000人。洪武二十六年（1393），编户有163915户，1193620人。即使是作为留都时期，南京的人口也达几十万。如万历六年（1578），有143597户，790513人。庞大的人口急需在城市建设上有新的突破。这一时期，南京的城市建设迎来了新高峰，处处体现了大一统京城的恢宏气势。

明代南京城的建设在南京建都史上规模最大且最具特色，堪称世界第一城垣，它以独特的不规则城市布局在中国都城建设史上占有重要地位，奠定了近代南京城的基本格局。自1366年起，朱元璋在南京开始了长达21年的浩大筑城工程，直到1386年建成。明都南京城由宫城、皇城、内城和外郭城构成，呈四重环套配置形制。

明代皇宫分为“宫城”和“皇城”，今人合称为“明故宫”。宫城，俗称“紫禁城”，位于今南京博物院西、午朝门北。宫城正南门称为

“午门”，午门连同左右掖门平面建成“凹”形。宫城东西宽各为0.75千米，南北长各为0.95千米，周长约3.4千米。宫城开有方位对称的6个城门，东、北以古青溪，西、南以新开御河（今明御河）为护城河。

皇城，宫城之外另一圈城，皇城也开六门，各门之间对称、等距布置，并与宫城门一一相对，整个皇城呈“凸”字形，东西宽约2千米，

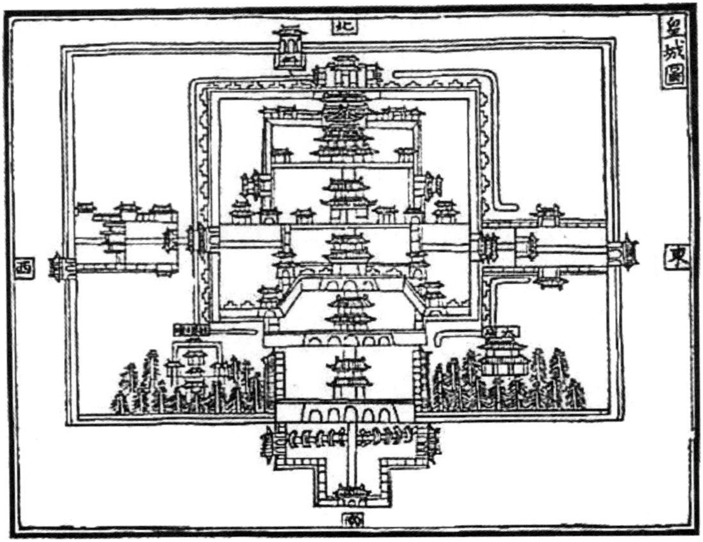

皇城图（《洪武京城图志》）

南北长2.5千米，周长约9千米，具体位置大体在今中山门以西，逸仙桥以东，光华门以北，佛心桥以南大片地段内。皇城内的主要建筑是东面的太庙和西面的社稷坛，历代都城，虽都是“左祖右社”，但太庙和社稷坛均在皇城内紧靠中轴线左右布置的形制是明代才出现的。皇城之南为中央官署区，按“左文右武”，整齐排列在御道两侧。《洪武京城图志》记载：“六卿居左，经纬以文，五府处西，镇静以武。”[①]但六部中的刑部不设在洪武门内，而是与都察院、大理寺以及京畿道设在皇城西北府城以外玄武湖东。明代迁都北京后，南京明故宫渐趋冷落。康熙首次南巡时，明故宫已是“宫阙无一存者”；太平天国期间，明故宫又经受了一次较大的破坏，除地下埋藏的石构件基础外，仅剩下一片残垣碎瓦、蛇鼠出没的废墟。时至今日，残存的只有午朝门、内外五龙桥等遗迹。

---

①［明］解缙纂、李邵青撰：《南京 南京》，南京出版社2012年版，第18页。

兴筑皇宫的同时，朱元璋也开始了内城的规划、扩拓和改造。内城南北长约20里，东西长约11里，东北靠近钟山西南麓，北面紧靠玄武湖，鸡笼山、覆舟山被包在城中，西北角直伸到长江边的狮子山，东南包括秦淮河，南唐金陵和六朝的建康及东府城尽包在内。城墙随山水的走向、地形的起伏，因地制宜，因势而筑，山、水、城、林融为一体，城垣“皆据岗垄之脊”，因此城的轮廓不拘一格，屈曲多变，呈现出非方非圆

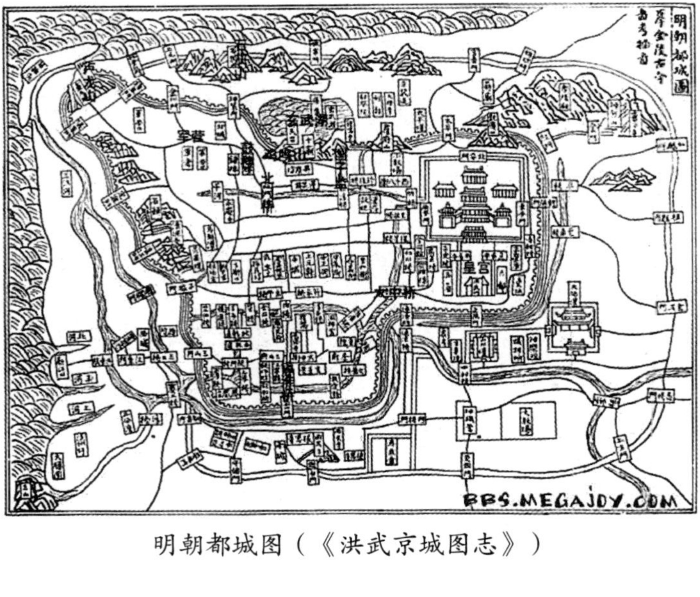

明朝都城图（《洪武京城图志》）

的“葫芦”形。这种不规则的形制，打破了中国古代都城追求方形的方整模式，在中国古代都城平面形制中别具一格。内城功能分区清晰，分成了3个相对独立的功能区，即东部的政治活动区，西、南部的经济活动区，北部的城防地区（包括驻军卫所、教场、军事仓库等分区）。西、南部的经济活动区内，匠人们按行业分类而居，《客座赘语·市井》记载：“铜铁器则在铁作坊；皮市则在笪桥南；鼓铺则在三山街口，旧内西门之南；履鞋则在轿夫营；帘箔则在武定桥之东；伞则在应天府街之西；弓箭则在弓箭坊；木器南则钞库街，北则木匠营。盖国初建立街巷，百工货物买卖各有区肆。”[1]

应天府城的城墙恢宏雄伟，每块城砖长40—45厘米，宽20厘米，厚10厘米，重20—40斤，墙顶用砖铺成地面并砌成雉堞（雉堞共13616个），并有石制的泄水槽以排出雨水，应天府城是我国

①［明］顾起元撰：《客座赘语》，南京出版社2009年版，第21页。

明城墙（吴小宝摄）

历史上第一座用砖砌的都城；城墙有堡垒200个，设有正阳门（今光华门）、通济门、聚宝门（今中华门）等13个城门，“京城周九十六里”。现有的南京明城墙总长度为35.267千米，不仅是国内第一，而且也是世界之最。

外郭城周长约60千米，主要是利用山丘之势以土筑城，仅在部分险隘处用砖砌城墙并开设城门，所以南京民间称外郭城为“土城头”。外郭城共有18个城门，最北的城门为观音门，最东的城门为麒麟门，最南的城门为夹岗门，西边的外郭城垣未合围，留下的南北豁口分别延伸至长江边。建成后的外郭城将原先未纳入的部分都圈了进来。外郭城分为3大功能区，即东部以孝陵为核心的陵墓区，紫金山南为皇家墓地，北麓为功臣附葬区；南部为厩牧寺庙区；西部为商贾云集的繁华市区的外延区。明孝陵首次按皇宫布局建立“前朝后寝”三进院落制，开创了陵寝建筑平面呈“前方后圆”的基本格局，并一直规范着此后明清两朝500多年20多座帝陵的建设规制。[①]2003年7月，明孝陵和北京十三陵作为明清皇家陵寝的

明孝陵遗址、遗迹

①王大、姚玉洁：《叹为观止:明孝陵“申遗”全纪录》，《中国建设信息》，2003年第14期。

扩展项目，被联合国教科文组织世界遗产委员会第27届会议正式列入《世界遗产名录》。现在外郭城的遗迹已不存在，但人们仍沿用这些城门名作为地名，如尧化门、仙鹤门、麒麟门、高桥门、安德门、江东门、上元门等。

第二节 政治变迁下的明代经济

明代南京地区农业基本上是自然经济模式，但手工业非常发达，尤其是官营手工业达到了历史的高峰。商业繁荣，吸引了全国各地的商人来此，外国使臣、商人以“朝贡”的方式来此进行各类贸易。永乐迁都后，南京的城市商业贸易一度有所衰落，但正统以后又迅速走向了复兴与繁荣。

屯田制是明代推进农业发展的重要举措，1363年，朱元璋重申将士屯田之令，要求军队且耕且战。42卫近20万驻守南京城的禁卫军也开展了屯田，共开垦48万亩土地，建有37处大型粮仓。[1]商屯主要在边地。此外，明朝政府向勋臣赐田，给文官职田，召佃户耕种，收租作为俸禄。如今南京栖霞镇、尧化门、燕子矶附近许多村庄，多以朱家场、梁家岗、赵家边、杨家库、谢冲等官吏姓氏命名。据统计，万历年间，上元县官民田中，官田占20%—30%，民田占70%—80%。[2]与江南其他地区相比，受限于山、丘、岗占据较大比例的地貌等客观因素，明代南京地区农业经济结构较为单一，主要以种植业为主。粮食作物，稻有粳稻、籼稻、糯稻3类，粳稻下又有数种，品类颇众；麦有大麦、小麦、䅌麦等，虽比苏州、松江各府品种少得多，但种类大体相同。明代南京农业的商品化程度极低，各属县不但“为他处所无”的特产不多，更为突出的是，几乎没有最能体现经济水平的副业、家庭手工业

---

①管玉春：《南京繁盛甲天下——明代的南京（下）》，《南京史志》，1984年第6期。

②南京农业通览编纂委员会编：《南京农业通览》，南京出版社2005年版，第26页。

生产，特别是为市场提供产品的商品生产。[①]总体而言，南京地区的农业发展相对迟滞。

明代南京的手工业获得了极大发展。在丝织业方面，官营织造业十分发达，南京是明代官营织造机构分布最多的城市，明朝政府在南京设立了内织染局、留京供应机房、神帛堂等官营织染机构。官营手工业生产的丝织品数量巨大，据学者研究，仅南京内织染局每10年料造的各色绢就达2万匹，布3万匹。南京丝织工艺水平极高，云锦中的“妆花”最为华美，达到了中国丝织工艺的最高境界。1958年，北京十三陵定陵出土了明万历皇帝“织金孔雀羽妆花纱龙袍”，有“南京供应机房织造”等字样的织金和妆花锦缎。与此同时，民间丝织业成为地方手工业的一个重要部门。明朝中后期，民间丝织业的规模与产量甚至超过了官营丝织业，形成了纺织品市场。《南都繁会图》在很大程度上反映了明代南京民间丝织

①陈胜利、茅家琦主编：《南京经济史（上）》，中国农业科技出版社1996年版，第191页。

业的繁荣景象：临城近处，绘有几家手工作坊，其中就有“专染纱罗”的招牌染坊。在雕版印刷方面，明初南京是全国最主要的官营印刷中心。史料记载，南京国子监有各类书籍版片300种，约16万片；而北京国子监版片堪印者23种，3500余片，不堪再印者47种，5500余片。[1]著名学者宋濂在南京修成的《元史》、李文田的《元秘史》《大明律》《明大诰》等都是在南京刻印的。明朝中期后，民间雕版印刷业开始兴盛。据统计，金陵刻书坊有93家之多，主要集中在三山街和太学前。风靡全国的《唐书志传通俗演义》《海刚峰先生居官公案传》等长篇小说最早就是在南京刊刻出版的。1596年，《本草纲目》在南京全部出版，史称“金陵版”。明代末期，版画彩印法也取得了技术突破，发展出了“饾版”“覆色法”等印刷法，十竹斋主人胡正言是饾版印刷史上最著名的一位，其所编印的《十竹斋书画谱》

---

①缪咏禾著：《明代出版史稿》，江苏人民出版社2000年版，第51页。

龙江宝船厂遗址出土的部分文物遗迹

与《十竹斋笺谱》达到了明末饾版印刷的最高成就。在造船业方面，以龙江宝船厂为代表的造船业代表了中国船舶工艺技术的先进水平，对世界造船业产生了重大影响。如永乐二年至永乐十七年（1404—1419），共建造海船、宝船139艘，改造海船249艘。[①]英国学者李约瑟就曾指出，中国的造船技术远远走在欧洲前面。郑和下西洋的最大宝船则达到19世纪以前世界木帆船的顶峰，最大的船只长44丈、宽18丈，可乘载千人。

---

①南京市地方志编纂委员会办公室编：《南京市志》第5册《工业》，方志出版社2010年版，第227页。

但到了明朝后期，造船业飞快地衰落了。在制扇业方面，南京是明清折扇的重要产地，《金陵琐事》记载："东江顾公清云：南京折扇名天下。成化年间，李昭竹骨，王孟仁画面，称为'二绝'。"[①]南京折扇名扬天下，但真正流行则是在明朝中后期。利玛窦在中国逗留期间，见明人不分寒暑，手中都有扇，不以去暑，而为时髦。[②]除上述手工业外，南京的酿酒业、灯彩业、竹刻业等也名满天下，建筑技术水平非常高，灵谷寺内的无梁殿至今仍巍然屹立。

市场贸易有了进一步发展。一方面，市镇进一步拓展，明中后期，南京的农村地区也出现了市集，正德《江宁县志》记载，小口市在县西南、新林市在县西南二十里、板桥市在县西南三十里、铜井市在县西南八十里、朱门市在县南九十里、水桥市在县西南六十里、杜桥市在县南

---

①［明］周晖撰：《金陵琐事·续金陵琐事·二续金陵琐事》，南京出版社2007年版，第202页。

②范金民主编：《江南社会经济研究·明清卷》，中国农业出版社2006年版，第1016页。

四十里、路口市在县南七十里”。[1]另一方面，贩运商业更为发达。贩运贸易造就了庞大的商人队伍，明初，涌现了以沈万三为代表的诸多大商人；明后期，云集南京的各地富商大贾以徽商为主。史料记载：“沿大江而下为金陵，乃圣祖开基之地。北跨中原，瓜连数省，五方辐辏，万国灌输。三服之官，内给尚方衣履，天下南北商贾争赴。”[2]为方便贸易，明政府还在南京城内建立了客店，并在三山门外等处建立了安顿商货的塌房。一时“京师为五方所聚，要皆贸易迁徙之民，及在监游学之士而已”。[3]这一时期，还出现了专门性的商业用书，内容有商业行规、税赋、商业道德等规则性内容，有各地风土人情等介绍性内容，有防止欺诈的案例等自我保护性内容，

---

①［明］王诰、刘雨编撰：《正德江宁县志》（影印本），第737页。

②［明］张瀚撰：《松窗梦语》卷4《商贾纪》，上海古籍出版社1986年版，第74页。

③［明］吴应箕撰：《留都见闻录》，南京出版社2009年版，第35页。

有商家禁忌、习俗等社会性、文化性内容。1626年，由新安商人程春宇所著、金陵文林阁主人唐锦池刻印的《士商类要》成为“行商”者必读之书。

第三节　人文荟萃的文学艺术

在元代文学新变的基础上，明代南京文学在文学创作领域出现了繁荣景象，集中了宋濂、刘基、高启等文坛领袖；印刷业则孕育了许多著名的小说家和优秀的小说作品；在元代戏曲基础上，明代戏曲有了新的突破，涌现了许多优秀的戏曲作者和千古名剧。

明清时代是我国古代小说的高峰期，在我国古代文学史上占有十分重要的地位。四大名著之一的《西游记》，由金陵书坊世德堂唐光禄购得稿本，于万历二十年（1592）订校刊行，名《新刻出像官版大字西游记》，20卷，是最早的刊本，初无题署，后有金陵大业堂重刊本。凌濛初的《拍案惊奇》在南京编著完成，开创了个人创作白话短篇小说集的风气。冯梦龙所编的拟话本集《警世通言》，由南京金陵兼善堂始刊，反映了明代后期的市民生活。

“明初文学三驾马车”宋濂、刘基、高启，领导着当时的文学潮流。宋濂是明初“道统”文学的主要代表，被推为开国文臣之首，他一生著述颇丰，以散文成就最高，其中《阅江楼记》与《游钟山记》均与南京有关。刘基诗、文、词俱佳，散文以短篇寓言著称，《卖柑者言》《郁离子》为其名篇；其诗“沉郁顿挫，自成一家，足与高启相抗”。高启是明代成就最高的诗人之一,《四库全书总目提要》称高启的诗“天才高逸，实据明一代诗人之上”。明成祖朱棣迁都北京后，南京成为留都，许多著名文学家大都寓居于此。明代“前七子”之一的王廷相曾任高淳知县、南京兵部侍郎。“后七子”之首的王世贞也曾任南京兵部右侍郎，侨居南京，著述有不少与南京有关，如曲话著作《曲藻》即在南京增补完成。明代晚期，南京文坛的代表有钟惺、钱谦益、周亮工等人，其中钱谦益的诗文在当时极具盛名。“江左三大家”之一的钱谦益，诗歌技巧纯熟，善于使事用典，富于藻丽，著有《初学集》《有学集》《投笔集》等。明代诗人结社吟诗的风气盛行，诗人谢承举等就组织了金陵吟社；曾任南部吏部主事、南京吏部侍郎的储瓘，在金陵也曾结檀园社、秣陵吟社。明末，南京先后成为公安、竟陵两派文学的重要传播地域。公安派文学反对“后七子”宗派主义作风下形成的以拟古为复古的做法，其重要倡导者袁宏道曾到金陵，拜谒焦竑。竟陵派创始人钟惺、谭元春在南京时间较长，其共同的代表作《诗归》、钟惺的《隐秀双集》《史怀》等均在南京定稿、刊刻。

南京又是戏曲之都。明清时期的戏曲继承了元代戏曲，并有所突破。特别是明朝“仁宣之治”后，南京的戏曲创作进入了兴盛局面，涌现了许多优秀的戏曲作者和千古名剧。中国百剧之母昆曲发源于昆山，形成、传播于南京。明初，昆曲流入南京，明太祖朱元璋将它引进宫廷，定为国剧，从此走向全国。南京白局是明清时期流行于南京地区的方言表演戏曲，曲调丰富，素有“丝弦百曲”之誉。戏曲的兴盛，造就了徐霖、陈铎等散曲名家和汤显祖、李渔等著名剧作家。徐霖，与当时散曲家陈铎并有“曲坛祭酒”之称，作有《绣襦记》《柳仙记》《三元记》等8种传奇，其中《绣襦记》影响颇大。陈铎，著有《秋碧乐府》《梨云寄傲》《月香亭稿》《滑稽余韵》等，被称为“散曲史上的坐标性人物”。汤显祖，被誉为“东方的莎士比亚”，客居南京，写成了《牡丹亭》《邯郸记》等名剧，其中《牡丹亭》最为有名，据传该剧作传至南京后，连演10年而不衰。南明戏曲家阮大铖著有《燕子笺》《春灯谜》《牟尼合》《双金榜》等作品，尤以《燕子笺》最为出色，其中《奸遁》一折至今仍见于昆剧舞台。李渔著有《凰求凤》《巧团圆》《无声戏》《闲情偶记》等戏曲，开有“芥子园书铺”。中国古代白话小说的兴盛肇始于说书。明代南京说书兴盛，被誉为“书绝”的柳敬亭曾在此寓居，留下了《柳下说书》的底本。

从宋代开始的尊帖之风一直延续到明代。

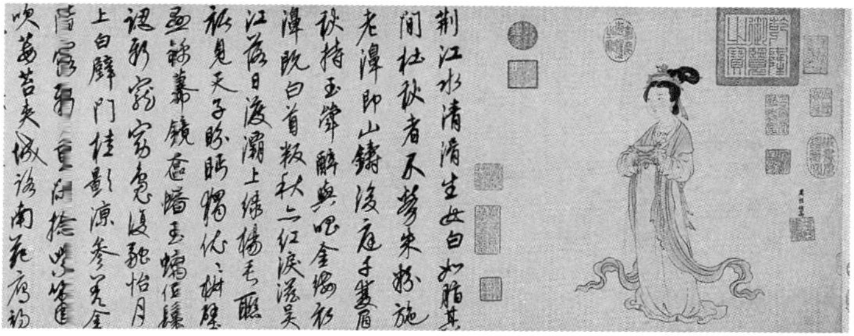

周朗杜秋图卷（故宫博物院官网）

明朝上至帝王下至士人都以帖学为宗。明初南京的书法以“三宋”（宋克、宋璲、宋广）、“二沈”（沈度、沈粲）为代表。宋璲的小篆被誉为明朝第一，传世作品很少，小楷仅有《跋〈周朗杜秋图〉》，草书有《敬覆帖》。明代南京地区绘画艺术主要有当时的主流“院体”画，代表人物有赵原、卓迪、王仲玉等人，南京报恩寺壁画上就有宫廷画家卓迪的手迹。明代雕塑较为兴盛，但整体的艺术性并不高，雄浑质朴、丰满强健的汉唐之风已难以寻觅，南京地区的雕刻以明孝陵为代表。明孝陵有文臣武将各3对，站卧马、站坐麒麟、站卧象、站卧骆驼、站坐猊、站坐狮子各1对，合计18对石像生，另有望柱1对。明孝陵神道石刻将整体宏大与局部精细融为一体，代表了中国明初石雕艺术的最高水平。

理学仍然是明代占统治地位的哲学学说，承继宋代程朱理学的传统。明代中期，随着社会矛盾的加剧，作为官方哲学的朱学逐渐退居次要地位，王守仁的“心学”应运而生，并成为明朝中期南京及至全国哲学的主要思潮。王门后学中李贽、王艮一派发展、改造了阳明心学中的积极因素，追求人性自由，要求行为解放，从而在一些根本性问题上走向了阳明心学的反面，形成了区别于儒家传统观念的早期人文主义思想。李贽的思想，社会影响较大，以致许多士人“全不读四书本经，而李氏《藏书》《焚书》，人挟一册，以为奇货”。①

---

①［明］朱国祯撰：《历代笔记小说大观·涌幢小品》，上海古籍出版社2012年版，第312页。

第四节　发达的教育科技与医学

明朝建都南京后，确立了“治国以教化为先，教化以学校为本”的文教政策。明朝政府设立官学，设置教官，制定学官制度。明初，南京设国子监，又称“国子学”或“国子寺”，是全国最高学府和教育管理机构、中国隋朝以后的中央官学。明朝行双京制，在今南京和北京分别设有国子监。

江南贡院是明代南京教育兴盛的一个典型代

江南贡院

表，是中国古代最大的科举考场。江南贡院始建于南宋孝宗乾道四年（1168），由知府史正志创建，起初为县府学考试场所。明太祖朱元璋定都南京后，乡试、会试于此举行。明代南京私学再度发展，著名的书院主要有崇正书院、崇文书院和新泉书院等。

明代后期，清谈之风盛行，社会危机日益严重，愈来愈多的人要求以实用之学对心学加以修正、改造，甚至取而代之。在实学思潮的影响下，一些学者把注意力放到了对自然科学的探索上，促进了科学技术的进步。明朝末年，“西学东渐”开始兴起，西方耶稣会士到中国传教，带来了先进的西方科技，揭开了中国近代科技发展的序幕。

明代是中西历法的过渡时期，在历法沿革史上占有重要地位。1385年，明政府在鸡笼山原有“观象台”基础上，建立了由钦天监管理的国家天文台，比世界闻名的英国格林威治天文台要早290年。利玛窦在南京曾造访皇家钦天监，在札记中记载，“其规模和设计的精美远远超过曾在欧洲看到和知道的任何这类东西”。[①]此外，明政府还在聚宝山（今雨花台）上建了一座采用阿拉伯人天文学成就的观象台，由“钦天回回监”管理。现陈列在紫金山天文台的明制天文仪器是浑仪（亦称“浑天仪”）、简仪和圭表，均系明正统四年（1439）所造，是目前世界上少有的大型传世天文文物。浑仪用来测定星体在天空中的位置和运动，简仪主要用于测定星体在天空中的赤道坐标值和地平坐标值，圭表是测量正午日影长度的天文仪器。明朝末年，由徐光启为首的一批崇尚西法的学者与龙华民、邓玉函、罗雅谷等传教士共同编写《崇祯历书》，该历法的编制使我国天文学体系从传统的代数学体系转为欧洲古典的几何学体系，中国天文学纳入了世界天文学的轨道。

郑和下西洋的伟大壮举，是建立在南京工

---

①［意］利玛窦、［比］金尼阁著，何高济等译：《利玛窦中国札记　传教士利玛窦神父的远征中国史》，广西师范大学出版社2001年版，第248页。

匠舟师高超的造船与航海技术基础上的。郑和下西洋将指南针导航、天文导航、陆标导航等导航手段结合起来使用，使航海技术向前发展了一大步。据史籍记载，最早将指南针用于航海是在北宋。郑和船队从江苏刘家港出发到苏门答腊北端，沿途航线都标有罗盘针路；郑和船队中还出现了观测星辰高度角的仪器——牵星板。根据长期航海经验，并结合天文、气象、地理知识，郑和船队的航海家绘制了《郑和航海图》和4幅《过

明代简仪

洋牵星图》。1425年编成的《郑和航海图》是中国地图学史上最早的海图，图中对从苏门答腊往西共64处当地所见的北辰星（北极星）和华盖星（即小熊星座、β星、γ星等8颗星）的地平高度进行了详细记载，这是航海中利用天文定位法的明证。

受西方自然科学影响，明代在物理学上也有了新的发展。方以智是明代物理学的代表人物，著有《物理小识》。他提出了气光波动学说与“光肥影瘦”的概念，认为光的产生是由于气受到激发的缘故，这是一种朴素的光波动学说。为区别于近代光的电磁波动说，可称之为“气光波动说”。从气光波动说的角度出发，方以智进一步提出了光不走直线的主张，谓之曰“光肥影瘦”；他还提出了时间和空间不能彼此独立存在的时空观。与此同时，徐光启与利玛窦合作在南京翻译了《几何原本》，翻译的数学专有名词如平面、垂直线、直角、锐角、钝角、对角线等一直沿用至今；后又翻译了《泰西水法》《测量法义》《勾股义》等书，推动了数学的发展。利玛窦与李之藻合译了《同文算指前编》，是中国编译西方数学的最早著作，第一次把欧洲的笔算介绍到中国。

明朝是我国医学发展的重要时期。1406年，朱橚、滕硕、刘醇等编著的《普济方》是我国现存最大的一部医方书；1596年，李时珍所著的《本草纲目》在南京正式刊行，该书不仅对前人鉴定过的1558种药物重新做了精密的审查，更对374种新增药物从名称、形态、性质、功能到制作方法等进行了详细解释，并绘制成图。

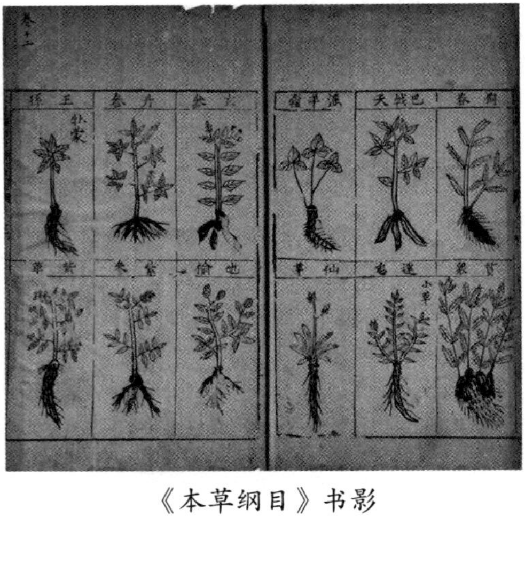

《本草纲目》书影

明代建筑水平达到了一个新的高度。明代南京城、明孝陵等建筑物规模宏大，结构严谨，是14世纪中期东方宫城建筑史上的杰作；报恩寺琉璃塔、灵谷寺无梁殿等是寺院建筑精品。明南京城墙的修筑把实战利防作为首要目的，13座城门样式各异，有单券城门、外瓮城、内瓮城。聚宝门瓮城内外建有27个藏兵洞，主要用以储备战略物资和躲藏士兵，南京城垣出现的内瓮城样式在古代城门式样中是极为罕见的。

中华门城堡（阮忠摄）

大报恩寺琉璃塔（1843 年英国托马斯·阿罗姆绘制）

大报恩寺琉璃塔开创了中国琉璃塔的先河，被称誉为“东方建筑艺术的最豪华、最完美无缺的杰作”。大报恩寺琉璃塔建筑之时不用脚手架，“造一层，四周壅土一层，随建随壅，至九层，也就堆壅九层，始终在平地建造”[①]。竣工以后，匠人将所壅土除去，“塔身始现”。一些外国贡使和传教士“见报恩塔必顶礼赞叹而去，

①罗尔纲著：《太平天国史迹调查集》，生活·读书·新知三联书店1958年版，第239页。

谓四大部洲所无也”[1]。1856年，大报恩寺与琉璃塔毁于太平天国的“天京事变”。2008年，在明代大报恩寺遗址的考古发掘中发现了北宋时期的长干寺佛祖真身塔地宫等重要遗迹，出土了以七宝阿育王塔、铁函为代表的一大批珍贵文物，这是继1942年12月23日在同一地址出土玄奘大师顶骨舍利之后的又一重大发现。无梁殿是灵谷寺最主要的建筑之一，也是明朝灵谷寺遗存至今唯一的建筑物。整个建筑没有一根梁柱，也不用寸木寸钉，自基至顶，全用巨砖垒砌成券洞穹隆顶而得名无梁殿，历时600余年，仍巍然不动，是我国现存五大无梁殿中历史最悠久、规模最宏大的一座。1933年，国民政府在灵谷寺旧址修建阵亡将士公墓，无梁殿改建为公墓祭堂。

---

①［明］张岱著：《陶庵梦忆 西湖梦寻》卷1《报恩塔》，岳麓书社2016年版，第7页。

第五节　对外文化传播

明朝也是南京对外文化交流的辉煌时期。特别是郑和下西洋的壮举已成为中外和平文化交流的象征。

明朝初期实行睦邻友好的和平外交政策，深化了国家间的交往。《明太祖实录》对洪武初年与海外交往的情形记载曰：海外诸番与中国往来，使臣不绝，商贾便之。如朝鲜虽经历过几次政变，但一直与明朝保持友好关系，“自是贡献数至，元旦及圣节皆遣使朝贺，岁以为常”[①]。除使臣和商队外，东南亚的一些国王也前来访问，如浡泥、苏禄、古麻剌朗等国王都曾来中国进行访问，其中渤泥国王病死后葬在了南京。郑和下西洋增强了中国和亚非各国人民的友谊，泰国、马来西亚、印度尼西亚、文莱等很多国家至今仍保留有以“三宝”命名的地名。明朝也向来

① ［清］张廷玉等撰：《明史》卷320《朝鲜传》，中华书局2000年版，第5544页。

朝贡的国家赠送礼物，提升了当地的科技文化水平，如明朝政府向朝鲜政府赠送了《六经》《四书》和《通鉴》等书籍，输出了绢、布、药材、硝黄、火药、牛角等商品。接受留学生来学习是明代深化文化交往的又一重要形式。如中日两国除了进行正常的商业交流外，日本还派遣留学生到明朝学习。洪武年间，朝鲜政府派150多人前往南京太学留学，学习明朝先进的典章制度和科学技术。

商业贸易是深化区域交流的重要方式。如明成祖即位之后，在沿海城市重新设置了市舶使一职，为国与国之间开展经贸文化交流提供了政策支持。如日本向中国输入的主要有铜、硫黄、刀、扇、苏木、剑、漆器等商品；中国向日本输出的主要有书籍、金银、绸缎、陶瓷等。明永乐年间虽迁都北京，但南京仍是大明的经济文化重镇，中日贸易往来密切，尤以来自今江苏南京的船与货物为甚。日本人把南京当成中国的代名词，把中国货乃至来自东南亚的货物都称为“南京物”。如将从印度、泰国、中国等国进口的大米统称为“南京米”；将原产南美，后经中国传到日本各地栽培的花生称为“南京豆”，也称“唐人豆”；将原产中国，改良后成为江户时代宠物的小白鼠叫“南京鼠”，等等。

明太祖朱元璋在元末曾出家为僧，对佛教可以说有割不断的情结。僧人之间的交往也促进了国家之间的往来。洪武四年（1371），朱元璋派遣南京瓦官寺的无逸克勤等出使日本，并鼓励日本僧人来华访道。1372年，明太祖任命僧人无逸克勤等为使节，护送日本僧人祖来等九人回国，并命其设法与日本天皇以及幕府交往。[①]永乐年间，天界寺住持道成也出使日本。南京名僧的先后出访，使南京寺院成为中外文化交流的重要场所。郑和崇信佛教，下西洋期间曾在一些国家兴建佛寺，也将从各国带回的奇珍异物置于南京寺庙，如静海寺、碧峰寺的阿罗汉像都是“得之西洋，藏之兹寺”，静海寺的西府海棠、报恩寺的

---

①陈尚胜著：《五千年中外文化交流史》（第1卷），世界知识出版社2002年版，第483页。

五谷树、弘济寺的娑罗树等都是郑和从西洋带回的。明代中叶，天主教重新获得在中国布道的机会，这是其第三次传入中国，也是佛教之后外来宗教文化的第二次大规模输入，直接导致了中西文化的接触碰撞。如利玛窦建造了南京的第一座天主教堂。

第五章　天国风云

太平天国运动是中国历史上规模最大的一次农民起义，太平天国是晚清农民起义政权。清道光三十年十二月十日（1851年1月11日），洪秀全率上帝会众在广西金田起义，建号太平天国，称天王。咸丰三年（1853）二月十一日，攻占南京，定为都城，改称“天京”，建立了省、郡、县三级地方政权。同治三年（1864）六月十六日，天京陷落。清朝时的南京仍为江宁府治，下属上元、江宁二县；管辖江苏、安徽、江西三省的两江总督衙署亦继续设在南京。

第一节　新政的实施

太平天国定都天京后，在城市格局上，

修建了天朝宫殿（天王府）、九重天府（东王府）和干王府等，建立了军政管理机关。在政策纲领上，颁布了《天朝田亩制度》和《资政新篇》等。

1853年，太平天国颁布了以解决土地问题为中心的农民基本纲领和社会改革方案——《天朝田亩制度》。其主要内容有：按人口平均分配土地；对农民的劳动所得，除留下口粮外，其余都要上交国库；规定了兵农合一、行政和司法合一的原则等。其目的是建立一个“无处不均匀，无人不饱暖”的理想社会。《天朝田亩制度》是历史上农民战争中要求平等、摆脱贫困、丰衣足食思想的继承和发展，具有反对封建压迫和剥削的意义。

1859年，洪仁玕针对太平天国后期的种种弊政，撰写了《资政新篇》，分用人察失类、风风类、刑刑类和法法类等4个部分。这是中国第一个从理论上明确提出发展资本主义的纲领，其核心是效法西方对中国进行“革故鼎新”，字里行间无不渗透着西方文化的影响。正如当时外国报纸所评论的，《资政新篇》的“政治信条从头到尾都是对于中国的各种重要观念的彻底革命”[①]。

第二节　社会习俗的改变

太平天国政权虽然只存在了14年，但却制定了相当完备的衣冠制度，在中国服饰史上占据一席之地。太平军对清朝的服饰进行了改进，他们用丝绒编成绦子，紧扎发根后，将发挽髻，以所余的绦子盘在髻上，“以巾蒙首，不戴小帽，衣无领，无马蹄袖”[②]，这也成为太平天国民间服饰的蓝本。定都天京后，太平天国制定了等级分明的官服制度，对不同职位者的着装做出了规定。诸王至丞相穿黄缎袍，检点着素黄袍，指挥至两司马皆素红袍。女官冠服如男制，大多用绸缎扎

①［英］呤唎著，王维周译：《太平天国革命亲历记》，上海古籍出版社1985年版，第235页。
②张铁宝、袁蓉、毛晓玲著：《太平天国文化》，南京出版社2005年版，第126页。

额，冬月戴风帽，夏月戴绣花纱罗围帽，形如草帽，露发髻在外。普通妇女穿由各色绸缎制成的长袍，样式以圆领为主，领口开得很小，下摆部分较为宽松，衣长过膝，并将衣襟开在左边，与满族相反，以“反襟”取“反清”之意。[①]

太平天国实行“男女分馆”政策，除首义诸王外，自侯相以下，虽夫妻不得同住，母子亦必分别。妇女进女馆，从事一些生产劳动；男性中青壮年入伍打仗，或从事生产劳动，有技能者进入诸匠营和百工衙；老人和小孩进入“牌尾馆”，做一些力所能及的事。与此同时，诸王们却享受着豪华奢侈、妻妾满堂的家庭生活。由于广大群众对取消家庭的政策强烈不满，1854年，男女分隔制度被废除，天京城内恢复了正常的家庭生活。

太平天国根据其宗教信仰对传统婚俗进行了革新。《天朝田亩制度》明确规定：“凡天下

---

①袁蓉：《论太平天国服饰制度》，《学海》，2003年第5期。

婚姻不论财”，婚娶“俱用国库”，要“用之有节”。举行婚礼时，除了不用指环以外，其他一切仪式都跟西方礼拜堂中的婚礼仪式无异。新人同赴礼拜堂，教士为之祈祷祝福，以求得上帝的保佑。

第三节　壁画艺术

太平天国主要领导人均来自社会下层，经常接触并喜爱壁画这样的艺术形式。所以太平天国建立政权后，壁画艺术受到重视和大力提倡。太平天国定都天京后，壁画成为府第衙馆的装饰，“门扇墙壁，无一不画”。太平天国壁画的主要特点如下：一是壁画一般不绘人物，二是具有广泛的通俗性和群众性，三是具有浓厚的封建等级倾向，四是专业画士和民间画工合作进行艺术创作。遗憾的是，太平天国失败以后，壁画遭到了清政府毁灭性的破坏。1952年，在南京市堂子街发现太平天国壁画18幅，全为彩色，均绘在墙壁或板壁之上。有“江防望楼图”“鹤寿图”“山亭瀑布图”等。“江防望楼图”高277厘米、宽201.8厘米，中间绘一座5层方形的军事望楼，楼顶平台有栏杆，插一面三角旗；望楼下的江边，战船林立，江面上帆船疾驶，江对岸山峰层叠，是一幅描绘太平军保卫天京江防安全的现实主义杰作。

第六章　民国风采

民国是西风东渐和传统中国向现代社会转型的重要时期。民国首都南京是民国政治中心、东西方文化交汇激荡之地，在城市建筑风貌、政治经济、社会习俗、文学艺术、科学技术、文教、体育等方面均发生了重大而深刻的变化。

第一节　开启南京现代城建先河

孙中山先生于1918年在《建国方略》中曾说道："南京为中国古都，在北京之前，而其位置乃在一美善之地区。其地有高山，有深水，有平原，此三种天工，钟毓一处，在世界中之大都市诚难觅如此佳境也。”[①]南京近代化进程的开启，城市的各个层面或多或少受到了国际社会的影响，城市规划在这一方面尤其突出。

为加强建设规划的科学性，南京国民政府于1928年12月成立了国都设计技术专员办事处，对南京当时的交通状况，各名胜古迹、文化机关等公共建筑之所在，各工商企业和居民的分布，地形地势的高低，城内各地区的面积，各机关的大小和职工人数，以及气候变化与江潮涨落等，均一一进行了勘查考察，并提出了关于南京人口发展规模、城市规模、中央政治区和南京市行政区域的安置、道路交通、水电发展等28项初步规划。1929年，美国人墨菲编制完成了《首都计划》，这是南京城市规划史上第一部正规的设计文件，也是南京在民国时期编制的最完整的一部城市规划，奠定了今天南京城市的基本框架。

按照这一规划，在区域面积上，首都新定面

①孙中山著，牧之、方新、守义选注：《建国方略》，辽宁人民出版社1994年版，第145-146页。

积为855平方公里，其中旧城所占面积约为40.9平方公里。在人口增长上，预计百年之内人口达200万，其中城内72.4万人，城外127.6万人。在区域划分上，中央政治区设在中山门外紫金山南

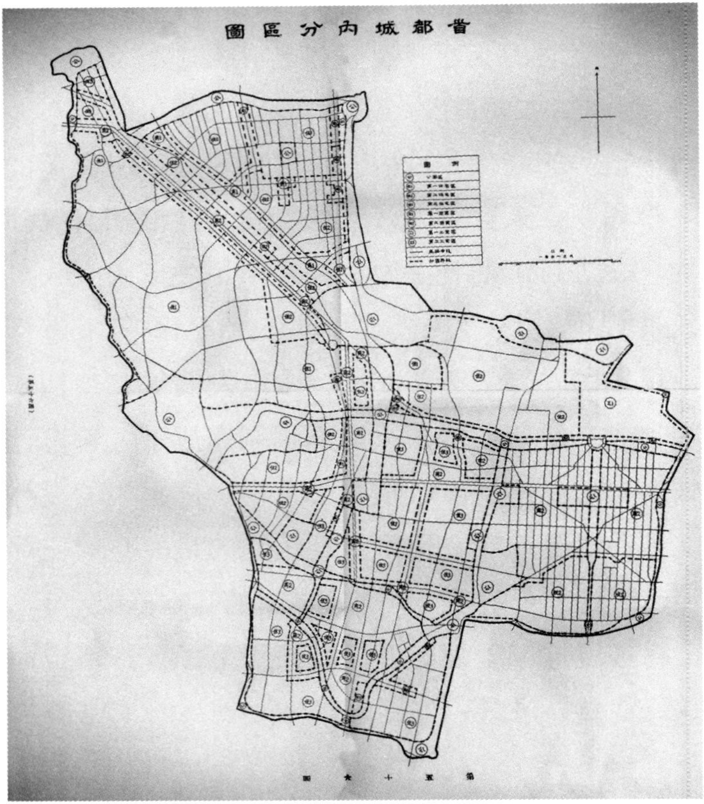

首都城内分区图（《首都计划》）

麓，市行政区设在大钟亭与五台山两处，商业区设在明故宫，工业区主要设置在三汊河以南、浦口车站的南部与北部。在学校规划上，中小学校舍根据市内人口数量进行设置，地点以儿童就学方便为准则，不能超过1英里；中学学校与家庭的往返距离为1至1.5英里。在建筑形式上，以中国式为主，外国式为辅，中国式多用于外部，外国式多用于内部。政治、商业、各区的住宅，根据不同性质，在建筑式样上也不完全一致。如政治区的建筑物，尽量采用中国固有的形式；商店等建筑，建议采用外国形式，辅以中国式样进行点缀。在道路规划上，分为干道、次要道路、环城马路、林荫大道4类。其中干道贯穿于商业区、火车站、中央政治区、市行政区、教育区、住宅区、工业区和各重要地方之间；次要道路则贯通于各区域内部；利用南京城墙建造二车道的环城马路，以使市民往来不必都经过市中心，并可随时观赏内外风景，外则建以环城外马路，以供货车行驶，内则建林荫大道以为烘托。在秦淮河沿岸建造林荫大道，以增加沿河风景。

按照《首都计划》，国民政府在新建的干道两侧陆续修建了一批中西合璧的政府部、院办公楼等公共建筑。如1928年在原孙中山的大总统府内新建了一幢“子超楼”作为国民政府的办公地，其二楼设有蒋介石的办公室。行政院原在国民政府东花园办公，后迁至今中山北路254号。还在今中山北路32号建起了一幢5层的“T”字形平顶西式大楼，国民政府外交部迁至此地办公。1935年在国府路建成国民大会堂（今南京人民大会堂），有座位3000多个。同时，还有考试院（今南京市人民政府所在地）、中央研究院（今中科院地质古生物研究所）、交通部（在今慈悲社）、教育部（在今成贤街）、立法院（在今大中桥斛斗巷）、内政部（在今瞻园路）、中央博物院筹备处（今南京博物院）、南京特别市市政府（在今夫子庙）等。其中许多建筑在保留中国传统的宫殿式外形的基础上，吸收了西方建筑的优点，创造了20世纪30年代国际建筑史上独有的大屋顶建筑，得到国际建筑界的赞誉。与此同时，南京市政当局将山西路以西，西康路以东，草场门以内辟为新住宅区。到南京解放为止，在这个新住宅区内，建有花园洋房9265幢，宫殿式房屋25幢。国民党高级官僚陈诚、陈布雷、于右任、阎锡山、汤恩伯，以及后来的美国总统特使马歇尔等均住在这个新住宅区里。

按照《首都计划》，南京的城市交通有了很大发展。民国南京市首任市长刘纪文一上任，就宣布改造南京先从修马路入手。1928年8月，南京的第一条柏油马路——中山大道开始兴建。中山大道主要是为孙中山灵柩奉安中山陵而建，宽40米，北起江岸，东出中山门与陵园大道衔接，是当时南京市最长的主干道；全线工程各路段及配套工程的命名均冠以“中山”之名，以作永久性纪念。1927年6月至1936年6月间，南京共新建马路39条（段），总长115.58千米。这些道路在设计上突破了历史上简陋守旧的道路格局，形成了以新街口环形交通广场为中心，以中山东路、汉中路、中正路（今中山南路）、中山路为东西南北中轴线的较为现代化的城市交通系统。1929年6月，东南大学教授常宗惠奉命从上海法租界购得法国梧桐树（学名悬铃木）数千株，栽在陵园大道和中山大道上，成为南京最早的一批行道树。这一时期，南京还分别建造了南京至杭州、芜湖、建平（今安徽郎溪）、划子口、镇江、湖熟、扬州、全椒、六合、淮阴、定远、滁县、盱眙的公路。1930—1931年，国民政府还先后与美、德两国合资建立了中国航空公司和欧亚航空公司，开通了南京至上海、北平、天津、武汉、重庆、成都、安庆、九江等全国各主要城市和世界各地的空中交通。

这一时期，南京也加强了通信、水电等设施建设。在通信建设方面，如成立了京沪区长途电话管理处，交通部九省长途电话工程处，架设了南京至上海、杭州的铜线，以及至浙、皖、冀、鲁、豫、湘、鄂、赣等省各主要城市长途干线，逐步形成了以南京为中心的全国长途电话网。1932年，建成了拥有75千瓦发射电力的中央无线电台，为当时亚洲发射电力最强的无线电台，开通了南京与全国各省市的无线电联系。开通了南京与全国各省市的邮政业务，至1936年，南京已有邮政支局36个、邮政代办所25个。在水电设施方面，1935—1936年新修马路下埋设了下水道；1933年，建成了供水能力达每日4万吨的自来水厂，埋设自来水管160千米，零售水站遍布全市；1934年，首都电厂拥有发电能力达3万千瓦时的总装机4台，月供电330万度。

1937年，全面抗战爆发，城建工作被迫中断，但《首都计划》的理论及方法对中国近现代城市规划发展起到了重要的促进作用，规划指导下的建设奠定了南京近现代城市生长的肌理、城市格局、功能分区、道路系统等重要基础。如南京今天的城市道路网，80%的城市主干道和50%的城市次干道在民国时期就已经形成，可以说《首都计划》的实施奠定了当代南京城市干道网格局。

第二节　艰难曲折发展的经济建设

民国时期，为促进农业发展，民国政府采取了诸多举措。如孙中山将“平均地权”列入了同盟会的纲领，北伐后，国民党宣布要“改良农村组织，整理耕地，制定最高税租额之法律”；国民政府成立后，复兴农业成为其重要的口号，1930年，国民政府公布了《中华民国土地法》等。南京是当时全国的农业科研中心，成立了中央农业实验所、江苏省棉产改进所筹备处等多个作物指导机构；建立了江宁模范农场、江浦棉作试验场、国民政府农林部农业推广委员会首都农业示范区等多个试验农场。但总体而言，由于近代资本主义因素没能对传统农业实现有效渗透，加之南京作为国民政府首都的特性，以及战争的影响，这一时期，南京的农业发展举步维艰。以耕地为例，1927年，全市农户仅3万户，约15万人，耕地36万亩。单一的农业生产，根本无法满足南京市民的需求，在很大程度上必须依赖外地供给，如仅安徽省每年就供给南京米170万石。日军进攻南京后，南京城区及周围江宁、江浦、六合、句容、溧水、高淳6县人民生命与财产均遭受严重损失。据统计，1937年的日军轰炸，致使南京地区66.1万件农具、13.72万亩庄稼等被毁；造成了劳动力的极度缺乏，至1938年3月，4个半县劳动力缺乏15%[1]，南京周围的农业生产一度陷入崩溃。

1927—1937年，南京的工业发展进入了“黄金十年”，取得了较大发展，工业主体开始形成。一方面，加强了工业发展的政策设计，1932年，国防设计委员会成立，此后对经济交通等进行了大量的调查研究，并制订了发展规划。1935年，国防设计委员会正式改组为资源委员会，机构性质也从国情调查机构转变为全国工业主管机构，工作重心由原来的调查研究过渡到重工业建设。1935年，资源委员会拟订了《重工业建设五年计划》；1936年制订了《国防工业初步计划》《中国工业发展三年计划》等。另一方面，颁布实施了发展工商业的法令法规，如1929颁布的《公司法》是第一部经立法程序制定完成的公司

①侵华日军南京大屠杀史料编委会、南京图书馆编：《侵华日军南京大屠杀史料》，江苏古籍出版社1997年版，第297—303页。

法；1933年制定的《会计法》是旧中国第一部会计法，为规范财务会计制度、完善公司治理机制、规范资本市场提供了重要的法律保证[①]。与此同时，南京政府出台了一系列针对民营企业的奖励法规。自20世纪20年代起，特别是1927年以后逐步增多，食品加工业、营造业、纺织业是南京工业的主要组成部分，占全市“工业”营业额的82%以上，产品主要有面粉、手工丝织品、砖瓦，以及少量的煤炭、机制布匹、绸缎、毛巾、肥皂、洋烛等。但总的看来，南京轻工业发展速度不快，而重工业则相对发达，在全国处于领先的地位。如1937年2月5日，永利铔厂成功生产出中国第一批红三角牌肥田粉；1936年，电气研究室成功组装了国内第一只“30”型直热式信号放大管（电子管），培养出了中国第一代电子工程技术人员；中国水泥股份有限公司生产的泰山牌水泥驰名全国，并远销南洋诸国等。虽然南京的

①陈晋文、杨卓英：《谈抗战前南京国民政府的经济政策》，《商业时代》，2014年第18期。

工业近代化在这一时期得到了快速发展，但仍然十分薄弱。据1934年国民政府建设委员会经济调查所调查所得：自1927—1934年的7年间，南京全市新建各类工厂567家，分布于21个行业，全部工业产品不到30种。全部“工业”的年营业额为1483万余元，尚比江宁一县当年农畜业产值1973万余元少近500万元，约等于后者的75%。[①]随着日军对南京的疯狂战争破坏与劫掠，工业化进程被打断。国民政府被迫将一些重要企业内迁，如金陵兵工厂、中央修械所等军工厂西迁，永利硫酸铔厂也内迁了部分设备。南京的近代工业在日机的狂轰滥炸和日军的攻击、掠夺下遭到了严重破坏。据不完全统计，抗战初期，南京损失的工厂数占原有工厂数的80%，价值1594万元。[②]抗日战争胜利后，工业曾短暂“繁荣”，国民政府对这些工矿企业的接收十分重视，成立了南京市

---

①唐文起、林刚：《试论1927—1937年南京城市经济发展与农村腹地之关系》，《民国档案》，1987年第2期。

②杨颖奇、经盛鸿、孙宅巍等编著：《南京通史·民国卷》，南京出版社2011年版，第414页。

接收委员会、苏浙皖区敌伪产业处理局、驻京办事处等机构，负责南京市日伪资产的接收工作。至1946年底，国民政府各机构共接收南京市日伪工矿企业共61个，其中仅经济部就接收了35个，约占接收总数的57.38%，达半数以上。但随着内战的爆发，南京地区的工业发展再次遭到了打击。1949年，全市仅有的888户私营小企业中，30人以上、使用动力的工厂仅36家，其余均为手工作坊。

作为民国首都，随着人们需求的增长，以及消费档次的逐渐提高，民国时期南京的金融和商品贸易较为发达。国民政府奠都南京时，“京市商业已颇繁盛，大小商户将近万家，行业近百”[①]。伴随着其他各业市场的发展，金融业总体上也呈现出较为繁荣的景象。这一时期，快速增长的人口直接带动了日用百货商品生产与销售的兴旺发达。1934年，全市共有商店18303家，分

①南京市地方志编纂委员会编：《南京市志》第7册《经济综合管理》，方志出版社2010年版，第430页。

为92业，其中洋广杂货业有1881家，酒菜馆业有1151家，成衣业有734家……1933年，各业营业额为7234万余元，大大超过工农业总产值。[①]一批新的大型消费场所相继建成，在城内外形成了夫子庙、太平路、中华路、大马路等几个繁华的商业区。1936年1月12日，由张静江、曾养甫等32位社会名人倡导建立的中央商场开业；1946年扩建后，商场营业面积达1万平方米，内有大小店铺、摊位250多家，职工近千人，成为南京市最大的百货零售商场。[②]下关大马路是城北最繁华的街市，饭店酒楼、银号钱庄、绸布百货等商号密集，时有“南有夫子庙，北有大马路”之称。日军对南京的侵略，造成了南京商业的死寂。如于1940年恢复营业的中央商场，仅有50多家商号和9家摊柜。抗战胜利后，随着国民政府还都南京，生活日用品市场等再度兴盛。截至1948年6月，标准登

---

①唐文起、林刚：《试论1927—1937年南京城市经济发展与农村腹地之关系》，《民国档案》，1987年第7期。

②王菡：《中央商场话沧桑》，《档案与建设》，2002年第2期。

记的各类商号共计16763家。淮海战役后，南京市场物价失控，日用品紧缺，至1949年春，各商场、商店无货可卖，市场处于一片混乱之中。

伴随着其他各业市场的发展，金融业总体上也呈现出比较繁荣的景象。1928年制定的《国币条例草案》规定，国币之铸发权专属于政府，这意味着国币银元的铸造权和发行权均属于国民政府。1928年6月，全国经济会议在上海召开，提出了《废两改元案》；1933年初，国民政府立法院通过了《银本位币铸造条例》。“九一八”事变和“一二八”事变后，国民政府开始加速推动废两改元的进程。1933年3月10日，废两改元首先在上海开始实行，4月5日开始在全国范围内推行。1935年11月3日，南京国民政府正式宣布实施法币政策，中国终于摆脱了世界银价变动造成的不良影响，这也是南京国民政府金融统治最终确立的标志。自此以后，金融界的四大银行（中央、中国、交通三行和后来成立的农民银行）与信用货币法币的发行权均被蒋介石控制了。抗日战争前，中国银行、中央银行、中国农民银行、中央信托局、邮政储金汇业总局、交通银行等国家级的行、局，盐业银行、金城银行、上海商业储蓄银行、浙江兴业银行、中国通商银行、四明商业储蓄银行等商办银行纷纷在南京设立分支机构；此外，还成立了江苏银行南京分行、江苏农民银行南京分行、南京市民银行等诸多地方性银行。日军攻占南京后，银行业受到了巨大冲击，各公私银行纷纷内迁。1942年，金融秩序渐趋稳定，至1945年抗战胜利时，南京的银行已达57家，比战前增加了一倍多。与此同时，钱庄纷纷复业或开业。据统计，1942年6月，钱庄总数增加到了67家，到1942年底，南京的钱庄总数比全面抗战爆发前夕高出近10倍。[①]随着内战的爆发，国民党政府财政赤字严重，对外债和美元的依赖度越来越深，财政崩溃，金融陷入绝境，但机构仍旧存在。

①经盛鸿著：《南京沦陷八年史》（上），社会科学文献出版社2005年版，第666页。

第三节　缩短与西方差距的近代科技

民国初期是中国科学技术走向近代化的关键时期。这一时期，成立了一批科研院所，培养了大批科技人才，确立了近代科技体系。

科学技术社团的创立是近代科学和社会生产发展到一定阶段的必然产物。中国近代科技社团组织最早是由任鸿隽、赵元任、杨杏佛等留学生从西方引入的最有影响的民间科学组织。中国科学社由1914年发起时的35人发展到1949年的3775人。创办的《科学》月刊以“传播世界最新科学知识”为宗旨，从1915年始，至1950年止，共出刊32卷，发表论文3000余篇，2000余万字，传播了大量的科学知识。中央研究院最初40名筹备委员中，除朱家骅等5人外，其余都是中国科学社社员，如中央研究院4位总干事中有3位是中国科学社社员，而15位所长中有13位是中国科学社社员。①

①张超：《中国科学社在中国现代科学发展中的作用》，《光明日报》，2008年11月30日。

中国科学社第一届干事会合影

民国初年，为了开创在国内开展近代科学研究的社会条件，一些早年留学的中国学者积极地组织科研团体、筹建研究机构。1912年，地质学家章鸿钊首先呼吁成立地质调查所；1913年，中国近代第一个科研机构——地质研究所成立；1928年，中央研究院成立。随后，北平研究院及各研究所也相继成立。研究院所的成立是中国科技史上具有划时代意义的大事，表明中国已经形成了一支专业科技队伍，拥有了建立和发展中国近代科技事业的中坚力量。

中央研究院是中国历史上第一个国立中央研究部门。中央研究院成立后，形成了较为完整的科研体系，对中国近代科学的发展发挥了开拓性的作用。各研究所是中央研究院的主体部分，从1927年秋开始筹备至1944年底，分3批成立有物理、化学、工程、地质、天文、气象、历史语言、心理、社会科学等13个研究所，其中设在南京的有天文、气象等研究所，以及自然历史博物

中央研究院总办事处

馆（后改为动植物研究所）等机构。中央研究院当时集中了全国一流的研究人员，如天文所的张钰哲、高鲁、戴文赛，气象所的竺可桢、吕炯、赵九章，化学所的庄长恭、黄鸣龙、任鸿隽，动物所的王家楫、童第周、贝时璋，植物所的罗宗洛、邓叔群，物理所的丁燮林、萨本栋、吴有训、吴健雄、钱三强，数学所的姜立夫、陈省身、苏步青，地质所的李四光、翁文灏、张文佑、叶良辅，等等。他们都是当时中国著名的科学家和专家学者，在各自的领域里取得了杰出成就，对中国近代科学技术的发展做出了巨大贡献。1948年召开第二届评议会第五次年会，选举出了中国历史上首批81位院士。中央研究院院士制度的建立，标志着中央研究院开始走向成熟。民国年间的官办科研机构还有中央农事试验场、中央工业实验所、中央农业实验所、中央卫生实验处等。

随着公立、私立科研机构和各高校研究院所的成立，以及广大科技研究人员与专家教授的潜心研究，民国年间在地质学、生物学、物理学、化学、数学等方面取得了奠基性的成就。地质科学研究是我国起步最早、研究阵容最大的一个学科。20世纪30年代，李四光在伦敦出版了《中国地质学》一书，这是第一部由中国人自己撰写的中国地质学著作。紧随地质学之后兴起的是生物学研究，秉志、胡先骕是生物学研究的早期开拓者和组织者，如胡先骕通过大量的植物标本和分类研究发现了1个新科、6个新属、100多个新种，合著的《中国蕨类植物图谱》被誉为“东亚研究蕨类最重要之图谱”。在物理研究方面，1930年，吴有训在英国《自然》周刊发表《单原子气体散射之X线》，开创了中国人在国内研究而在国外杂志发表成果的先河；叶企孙对高压下磁体磁导率进行了实验和分析研究，曾将压强加大到12000kg/cm^2，在高压磁铁学方面具有开创性的意义；郭永怀与钱学森一起提出了上临界马赫数（流速与声速的比值）的概念，解决了超音速飞行工程中的理论问题，为当时世界所公认的重大发现，等等。在化学研究方面，最主要的成就是侯德榜的“侯氏制碱法”和黄鸣龙的“黄鸣龙还原法”，“侯氏制碱法”是世界化工史上的一大发明，“黄鸣龙还原法”是有机化学史上迄今唯一用中国人的名字命名的反应。在数学研究方面，涌现了以陈建功、熊庆来、苏步青、华罗庚、陈省身等一批著名数学家，如陈省身对Gauss-Bonnet公式提出了新的证明，使“微分几何进入一新时代”，被称为“微分几何之父”；熊庆来的论文《关于整函数与无穷级的亚纯函数》在无穷级领域有了新的突破，国际数学界称之为“熊氏无穷级”“熊庆来定义”或“熊氏定理”。在气象、天文方面，先后建成了南京北极

紫金山天文台（吴小宝摄）

阁气象台、南京紫金山天文台和昆明凤凰山天文台，其中紫金山天文台是中国人建立的第一个现代天文学研究机构，标志着中国现代天文学研究的开始。南京聚集了一批优秀的科研工作者，如竺可桢对中国风暴生成、水旱灾害的分布以及天文、地理的研究做出了贡献；张钰哲1928年发现了“中华号”小行星，这是“首次由中国人发现”的小行星。在工程技术领域，涌现了茅以升等一批著名的工程技术专家。在医学领域，1930年代，建立了圣心儿童院，1953年4月1日，在原址成立了南京市儿童医院，现已发展为江苏省最大的儿童综合性医院。

第四节　中西合璧的民国建筑

晚清和民国时期，随着西方文化的传播，西方建筑技艺风格也深深地影响了中国，民国建筑呈现出中西合璧的特点。目前，南京市保存下来的民国建筑占地面积有900多万平方米，其中具有代表性的优秀民国建筑有200多处，按建筑风格分，主要有以下几种：

折中主义建筑：这是19世纪20年代在欧美一些国家流行的一种建筑风格。这类建筑在清末南京开埠后比较流行，在建筑风格上不讲究固定的法式，任意模仿历史上各类建筑或自由组合各种建筑形式；只讲求比例匀称，注重纯形式的美。① 如1870年建立的石鼓路天主教堂、1888年建立的汇文书院钟楼、1909年建立的江苏谘议局大楼、1914年建成的下关扬子饭店和1915年兴建的和记洋行英国总监办公楼等。但这类建筑在民国建立后逐渐淡出。

西方古典式建筑（又称“西方古典主义建筑”）：这主要是指17世纪后期从法国兴起的古典主义建筑，多被应用在宫廷建筑、纪念性建筑和大型公共建筑中。大约在20世纪初，这种风格的建筑出现在南京的校园里，如国立东南大学的孟芳图书馆、体育馆、科学馆、生物馆。

---

①卢海鸣：《南京民国建筑的价值及其保护利用》，《科技与经济》，2002年第3期。

新民族形式的建筑（又称“现代化民族形式建筑”）：兼顾西方现代建筑技术与功能特点，又带有中国民族风格。代表性建筑有外交部大楼、国立美术陈列馆、中国国货银行、中央医院主楼、中央体育场建筑群、紫金山天文台、中山陵音乐台等，尤以外交部大楼最为典型。

西方现代派建筑（又称“西方现代主义建筑”）：主张摆脱历史上过时的建筑式样的束缚，采用新材料和新结构，因造价经济、造型新颖，在商业和公共建筑中广受欢迎。代表性建筑

国民政府外交部大楼（现江苏省人大常委会办公地）

美国大使馆（吴小宝摄）

有首都饭店、国民政府最高法院、行政院、地质矿产陈列馆、新都大戏院、国际联欢社等。抗战胜利后，成为新兴建筑中最常采用的建筑风格，如北极阁宋子文公馆、美国大使馆、美军顾问团公寓等。

中国传统宫殿式的近代建筑：这是中西方的建筑师力图将中国传统的建筑造型和西方现代建造技术相结合而做出的一种尝试。代表性建筑有金陵大学礼拜堂、中山陵、中央研究院地质研究所、交通部大楼、国民党中央党史史料陈列馆、国立中央博物院筹备处等。

第五节　传统到现代的新式教育

民国初期，民国政府对清末的教育宗旨、教育制度进行了重要改革。这一时期，学校在类别、层次与数量上都有了长足的进步，教育事业获得了较大发展，南京成为中国现代教育的重要发源地。

20世纪20年代，南京开始实行教育部颁布的

金陵女子大学旧址建筑群

初等、中等、高等3阶段教育的新学制。在高等教育方面，在南京高等师范学校基础上创建了国立中央大学，创办了金陵大学、金陵女子文理学院等。在乡村师范教育方面，1923年，陶行知与朱其慧、晏阳初等发起平民教育运动，并于6月20日成立了南京平民教育促进会；1926年，陶行知为中华教育改进社起草《改造全国乡村教育宣言书》；1927年在南京创办了晓庄中心小学、南京试验乡村师范学校，1929年3月改名为晓庄学校。自此，全国各省开始创办乡村师范。在幼儿教育方面，陈鹤琴是中国儿童心理学和幼儿教育学研究的开创者，通过对幼稚园的课程、教材、教法、设备等方面进行长期研究，总结出怎样办中国化幼稚园的理论与经验15条，在全国产生很大的影响。在专科教育方面，建立了最早培养水利专门人才的河海工程专门学校；成立了省立第一农业学校；在私立金陵大学增设农科，这是国内最早的4年制大学农科，该科开创了我国运用近代科学方法进行小麦育种的路径。在艺术教育方面，南京的新式学堂纷纷开设音乐课，沈肇洲、李叔同、唐学咏等名家也纷纷在南京高校任教，为我国培养了一大批音乐人才；国立中央大学设有艺术科音乐组，从此南京有了专门培养音乐人才的高等学校。许多学堂有了“校歌”，陶行知填词的《锄头舞歌》被作为晓庄师范的校歌，二十世纪二三十年代在国内外很流行；很多学校在课余活动中引进了西洋音乐中集体歌咏的艺术形式，许多外国进步歌曲也在学校和社会上流行起来。与此同时，马克思主义哲学同时传入中国，并在与各种非马克思主义哲学的斗争中不断发展壮大。在南京，中国最早宣传马克思主义思想的先驱者之一张闻天，在报刊上公开介绍《共产党宣言》中的“十条纲领”，是南京地区在报刊上传播马克思主义思想的第一人。

新式体育运动也在南京逐步兴起和发展。1927年12月，南京国民政府大学院（1929年改称为“教育部”）召集部分体育界名流，在南京成立了全国体育指导委员会，主管国民体育工作。1928年5月，大学院召开第一次全国体育会议，通过了对中等以上学校实施军事训练和有关体育学

民国全运会旧影

校、体育师资的决议案。后因蔡元培辞去院长之职，大学院的一些决议没有实现。随着各项体育运动的广泛开展，中华体育协进会等各体育团体也纷纷成立。在西方体育的传入与影响下，为提倡体育，推行国术，国民政府于1927年在南京成立了国术研究馆，次年6月改组为中央国术馆，张之江为馆长。民国时期还举办了六届全国运动会，派员参加了十届远东运动会和三届奥运会等。在民国期间举办的六届全国运动会中，以在南京举办的第五届全运会最为隆重，在此届全运会上，仅田径比赛就有21个项目平了远东纪录打破了全国纪录。

第六节　成就辉煌的民国文学

南京的古典文学研究在民国时期非常繁盛，南京成为当时全国古典文学的研究中心。1921年，梅光迪、胡先骕、柳诒徵、吴宓等创办了《学衡》杂志，在全国产生了深远影响。一批专家融合了新的治学方法，对古典文学进行了全面系统、深入的研究，在词学、典学、文学史和批评史等领域做出了突出贡献，写出了一批具有开创意义的学术著作，使古典文字研究真正成为一门科学。在词学方面，吴梅、陈匪石、汪东、乔大壮、唐圭璋等各有成就，并培养了一大批研究者。陈匪石国学根柢深厚，长于文字音韵之学、秦汉诸子之学，而尤以词学著称于世。汪东是“章门四大弟子”之一，精音韵、训诂、文字之学；亦工书画，以篆书和画梅著称；词学尤称于世。乔大壮，著有《波外楼诗》《波外乐章》等，唐圭璋誉之为“一代词坛飞将”。唐圭璋，在词学资料的搜集、整理、考证、鉴别等方面做出了特殊贡献，为一代词坛宗匠，编著有《全宋词》《宋词鉴赏辞典》等，著有《唐宋词三百首笺注》《南唐二主词汇笺》等。

在古代戏曲研究、创作方面，吴梅功力深厚。吴梅授课强调理论、实践并举，经常在课上奏笛高歌；同时注重因材施教，其学生在词学、曲学等研究领域独树一帜者甚多，现今海内外曲学研究者多为其传人。民国时期就有“北维（王国维）南吴”的美誉，吴梅著有《中国戏曲概论》《南北词曲谱》等多部著作。卢前，文学和戏剧史论家、散曲作家、剧作家、诗人，吴梅先生的得意门生，主要剧作有《饮虹五种》《女惆怅爨》等；戏曲史论有《明清戏曲史》等。钱南扬，吴梅弟子，对宋元南戏造诣颇深，撰写的《宋元南戏百一录》辑录了54种戏曲，奠定了近代南戏研究的基础，是继王国维《宋元戏曲考》以来在戏曲史研究上的又一重大突破；编撰出版的《戏文概论》被公认为填补了中国戏曲史研究空白；和顾颉刚等发起成立了中国民俗学会，是民俗学、民间文学研究的研创者之一。

在文学史和批评史方面，涌现了胡小石、陈中凡、罗根泽、黄侃、汪辟疆、王伯沆、吴宓等一批名家。胡小石，长期从事古文字、声韵、训诂、群经、史籍、诸子、佛典、道藏、金石书画的研究与教学，造诣精深，学生遍布海内外，被陈三立赞为“仰追刘宾客，为七百年来罕见”，是国内较早讲授“中国文学史”的学者。他于1928年出版的《中国文学史讲稿》（上卷）为学者称誉。其楚辞研究造诣亦甚深，著有《远游疏记》《楚辞郭注义证》《楚辞释名》等著作。黄侃，在经学、文学、哲学等方面都有很深的造诣，尤其在传统“小学”的音韵、文字、训诂方面成就卓越；著有《文心雕龙札记》等专著，在中国文学史研究中具有重要意义，被誉为中国古代文学批评史作为现代学科确立的标志。王瀣，工诗词，是民国年间江南著名诗人，被尊为“金陵诗派的先行者”；对《红楼梦》的研究被称为“王氏红学”。吴宓，中国现代著名西洋文学家、国学大师、诗人，是中国比较文学研究第一人，在国内较早运用比较的方法研究《红楼梦》。

随着新文化运动的开展，中国文学大量吸收西方现代文学理念，摆脱了旧式传统文学观念的束缚，进入了现代文学阶段，新式小说在南京文坛得到了极大的发展，涌现出了一批新小说作家。如张友鸾，著有小说《白门秋柳记》《秦淮粉墨图》等，编著有《史记选》《不怕鬼的故事》等，与人合译了朝鲜名著《春香传》。叶灵凤，毕生致力于文学创作，是后期创造社的代表作家，短篇小说集《菊子夫人》等为其代表作。张恨水，一生致力于通俗文艺创作，共著小说、杂著110部，字数逾千万，是现代小说的集大成者，代表作主要有《春明外史》《天上人间》《金粉世家》《啼笑姻缘》等，还以南京为背景创作了小说《丹凤街》，书中人物口语系地道的南京方言。赛珍珠，以中国为背景创作的长篇小说《大地》出版后迅速成为炙手可热的畅销书，

1938年获得诺贝尔文学奖。她还耗时5年将70回本的《水浒传》译成英文在西方出版，引起西方社会对中国古典小说的关注。

辛亥革命以后，南京文坛涌现了胡小石、宗白华、高二适为代表的一大批白话新诗人。宗白华，20世纪20年代风靡文坛的“小诗”的重要实践者之一，著有诗集《流云》。这一时期，在外国文学戏剧的影响与推动下，诞生了陈白尘等戏剧名家，在20世纪30年代到80年代，陈白尘共写作话剧及电影剧本50多部，代表作有《乱世男女》《结婚进行曲》《岁寒图》《升官图》等。

新文学社团在这一时期也有了快速发展。1924年，吴梅在南京组织成立了“潜社”，取“潜心学术”之意，向学生传授词曲理论，并以填词谱曲，特别是将演唱词曲作为文学实践。1934—1935年，吴梅与廖忏庵、林铁尊、仇述庵、石云轩、陈匪石、乔大壮、汪旭初、唐圭璋、卢前等人组织了高校文学社团如社，印有《如社词钞》。1934年，新诗社团土星笔会在南京成立，同年创办了同人刊物《诗帆》，主要成员有孙望、程千帆等。现代文学流派学衡派因1922年在南京创办的《学衡》杂志而得名。学衡派的中坚人物有梅光迪、吴宓等，该学派推崇维护国粹，同时运用我国的典籍和欧美学者的言论加以论证，构成了中西杂糅的言论体系。

第七节　中西交融的民国艺术

民国时期的南京，聚集了一批从事新文艺工作的艺术家，与北京、上海的新文化工作者南北呼应。如国画方面有汪采白、张大千、高剑父等人，图案及理论方面有陈之佛、傅抱石等人，西画方面有徐悲鸿、高乐谊、吕斯百、吴作人等人。1928年春，王子云发起举办了“首都美术展览会”，参加者有林风眠、王代之、蔡任达、刘开渠、刘既漂、吕凤子、乌叔养等人，展出内容包括图书、刻印、美术工艺、建筑图案及模型、雕塑、西画、现代画、历代书画和摄影9类。1933年，在南京成立了“中华全国美术会”，该组织每半年或一年将会员的作品公开展览一次，在很大程度上推动了新艺术的普及与提高。

民国时期，现代舞蹈艺术传入中国，进入剧场与学校，促进了中国现代舞蹈史的演变。舞蹈艺术被列入学校教育内容，最早是在小学低年级和幼稚园，将舞蹈与音乐、游戏结合一起作为副课，开展课外活动，以锻炼学生体魄，陶冶心灵。1922年公布的壬戌学制将舞蹈纳入了大中小学的体育课，后又将舞蹈改称为“韵律活动”，以训练现代舞蹈的一些基本动作和步法，并教一些中外民间舞和土风舞，运动会、恳亲会、游艺会和学校的开学或毕业典礼上也经常组织一些舞蹈节目。这一时期，南京的舞蹈创作很少，但活动很多，如中央大学等高校组织了许多舞蹈社团，表演欧美舞蹈艺术，深受欢迎。

民国时期，南京成立了电影管理机构，制定了相应的法律、规章、制度，新建了电影制片厂和电影放映场所，摄制了一批故事片和新闻纪录片，电影业有了一定的发展。1915年至20世纪40年代末，先后建于南京的电影摄制机构有中央电影（无声）摄影场、中央电影（有声）摄影场、东方影片公司、中国电影制片厂、中华教育电影制片厂、中国农业教育电影制片厂、金陵大学教育电影编制部等7家，这些电影企业大部分为民国官办企业。其中1935年在玄武湖畔建立的中央电影（有声）摄影场被誉为“东亚之冠”。

民国时期，南京下关兴建了一批现代剧场。秦淮河畔以演唱京剧为主的戏茶厅为数众多，女艺人有200多名。1930年，南京有娱乐场所116家。20世纪30年代后期至40年代初期，南京陆续成立了秦家班（鸿春社）、赵家班（鸣春社）、孙家班等3个京剧科班，培养了一批京剧演员；除职业艺人外，军政、教育、金融、商业、邮政各界人士先后成立了20多个业余票房。1937年，南京被日军攻占，南京戏剧人士和团体几乎全部撤离南京。南京戏剧活动同其他文艺活动一度陷入沉寂荒芜状态。

进化团是文明新戏的一面旗帜，它注重时事性与宣传性，孙中山先生曾为之欣然写下“是亦学校也”的赠词。1937年前，南京地区成立了一批进步剧社，如1929年成立的南国社南京支部、民众剧社、中央大学的中大剧社、金陵大学的金大剧社等；1933年，具有全国影响的磨风艺社、左翼戏剧家联盟南京分盟相继成立等；1935年，中国舞台协会在南京成立。抗日战争胜利后，由中共地下党掌握的国防部演剧七队和中国万岁剧团等职业话剧团经常开展演出活动。

第八节　新旧递嬗的民国社会风俗

受西方文明的东渐和影响，这一时期，人们的衣、食、住、行、用，以及礼仪风俗习惯上都表现为中西文化、新旧风俗共存的景象。

“中山装”是民国服装改进的重要体现。辛亥革命以后，西装、西式礼服开始在都市的男子中流行。孙中山先生参照中国原有衣裤的样式，亲自设计了一种男式服装，并带头穿着，被称为“中山装”。后在推广中不断改进，成为近代中国男子服装的代表样式而风行全国。

西方饮食在民国南京有了很大发展。晚清时期，南京等城市已出现西餐馆、蕃菜馆、面包房和咖啡店。辛亥革命后，吃西餐成为一种时尚，逐渐由沿海向内地流行开来。西方的葡萄酒、啤酒、洋酒，以及洋烟也开始流行。

1912年中华民国南京临时政府成立后，孙中山在南京颁布了一系列政策法令，宣布革除清朝的礼仪制度。南京国民政府根据当时社会的具体情形，拟定了“废除旧历，普用国历”的8条具体办法。1928年5月，南京国民政府先后颁布了《禁止妇女缠足条例》和《禁蓄发辫条例》。此外，鞠躬、握手、举手致意的礼节，与中国传统的作揖、拱手礼在不同场合中使用。

在西方文化影响下，经民国政府核准，还设定了中华民国成立纪念日、中华民国国庆纪念日、总理纪念周、国耻纪念日、药师节、禁烟纪念日、教师节、防空节、商人节、工业节、医师节等。

参考资料

［日］斯波义信著，布和译：《中国都市史》，北京大学出版社 2013年版

陈尚胜著：《五千年中外文化交流史》（第一卷），世界知识出版社 2002年版

付启元、赵德兴著：《南京百年城市史1912-2012 文化卷》，南京出版社 2014年版

管玉春：《南京繁盛甲天下——明代的南京（下）》，《南京史志》，1984年第6期

胡阿祥、李天石、卢海鸣编著：《南京通史·六朝卷》，南京出版社 2009年版

胡国瑞：《魏晋南北朝的诗歌在我国诗歌发展史上的地位》，《武汉大学学报（哲学社会科学版）》，1978年第5期

李金铮：《旧中国通货膨胀的恶例-金圆券发行内幕初探》，《中国社会经济史研究》，1999年第1期

李喜所著：《近代留学生与中外文化》，天津人民出版社 1992年版

林数中编著：《六朝艺术》，南京出版社 2004年版

刘先觉著：《中国近现代建筑与城市》，华中科技大学出版社 2018年版

卢海鸣著：《南京民国建筑》，江苏美术出版社 2017年版

卢海鸣著：《六朝都城》，南京出版社 2002年版

罗宗真著：《六朝考古》，南京大学出版社 1994年版

缪咏禾著：《明代出版史稿》，江苏人民出版社 2000年版

南京地方志编撰委员会编：《南京城市规划志》，江苏人民出版社 2008年版

南京市博物馆编：《南京考古资料汇编》，凤凰出版社 2013年版

南京市地方志编纂委员会、南京文物志编纂委员会编：《南京文物志》，方志出版社 1997年版

南京市地方志编纂委员会编：《南京工商行政管理志》，海天出版社 1994年版

潘吉星著：《中国造纸技术史稿》，文物出版社 1979年版

沈定平著：《明清之际中西文化交流史——明代：调适与会通》，商务印书馆 2007年版

苏则民编著：《南京城市规划史稿（古代篇·近代篇）》，中国建筑工业出版社 2008年版

孙中山著：《建国方略》，牧之、方新、守义选注，辽宁人民出版社 1994年版

唐文起、林刚：《试论1927—1937年南京城市经济发展与农村腹地之关系》，《民国档案》，1987年第2期

王菡：《中央商场话沧桑》，《档案与建设》，2002年第8期

王永平、张学锋、成林、李天石、邹劲风、万朝林、张铁宝、史全生等编著：《十朝古都文化丛书》，南京出版社 2005年版

徐传德主编：《南京教育史》，商务印书馆，2012年版

徐耀新主编：《南京文化志》，中国书籍出版社 2003年版

许辉、邱敏、胡阿祥主编：《六朝文化》，江苏古籍出版社 2001年版

杨新华、卢海鸣：《南京民国建筑保护的探索与实践》，《中国名城》，2011年第6期

杨颖奇、经盛鸿、孙宅巍等编著：《南京通史民国卷》，南京出版社 2011年版

杨子坚：《南京与中国古代文学》，《南京大学学报（哲学社会科学版）》，1995第3期

张泉：《明代南京的都市规划》，《南京史志》 1985年第1期

周瀚光、戴洪才主编：《六朝科技》，南京出版社 2003年版

朱明娥编著：《南京明外郭》，南京出版社 2018年版

后记

《南京建都概览》是《南京地方文化专辑》中的一个分册，力争通过深入浅出的章法、图文并茂的形式向大众介绍南京自有人类活动以来的城市发展、古都建设成就。

南京历史源远流长，文化底蕴厚重，无论是城市发展史、还是文脉工程；无论是专门史、还是断代史，专家学者对南京历史的研究已非常深入。为了编好这一本普及性读物，作者在编写时参考了大量南京地方史的著作、志书、论文、研究报告等成果，访问了众多的学术站点与部门官方网站，力求从历史性视角，用通俗易懂、生动活泼的语言，将“六朝古都”“十朝都会”的城市建设与发展史立体、多维、原真性地展示给广大读者。

关于南京文化的研究成果虽然积淀深厚，但

也为学术创新、科普创新增加了难度。在书稿编撰过程中，有幸得到了领导以及多位专家学者的关心、帮助和热情鼓励。书中的部分图片由吴小宝、张国祥等同志提供，还参考了已经出版的关于南京历史、城市规划、文学艺术、科技民俗等相关书籍，以及故宫博物院、六朝博物馆等机构官网中藏品介绍，在此表示诚挚的谢意！

限于学识和能力，加之时间较为紧迫，书中难免会出现疏漏和不足，敬请大家批评指正！

编者